Jürgen Keilbach

Mein Finanzproblemlöser

Die erprobte Strategie für den Aufbau von Vermögen und finanzieller Sicherheit

W0197553

Haftungsausschluss

Ziel dieses Buches ist es, einer breiten Leserschaft unterstützendes und informatives Wissen über den erfolgreichen Vermögensaufbau zu vermitteln. Die Inhalte dieses Buches wurden mit größter Sorgfalt erstellt. Für die Richtigkeit, Vollständigkeit und Aktualität der zur Verfügung gestellten Informationen übernimmt der Autor/ Herausgeber/Produzent keine Gewähr. Die Inhalte dieses Buches spiegeln in großen Teilen die Erfahrungen, Beobachtungen und vor allem die persönliche Meinung des Autors wider und sind nach bestem Wissen und Gewissen zusammengestellt. Insbesondere jedoch werden keinerlei Garantien dafür übernommen, dass die beschriebenen oder empfohlenen Strategien für jede/n Anleger/in oder Anlegertypus passend und empfehlenswert sind und für jeden oder insgesamt funktionieren. Der Autor und die Produktion übernehmen ebenso keinerlei Haftung für Schäden, die durch die korrekte oder inkorrekte Anwendung oder durch mögliche Fehler oder Missverständnisse der Lesenden entstehen. Die Anwendung und Umsetzung der Inhalte erfolgen ausschließlich auf eigenes Risiko.

Stets gilt: Jede Geldanlage ist mit einer Vielzahl von Risiken verbunden, das ist bekannt und dafür kann keine Haftung übernommen werden. Mögliche Angaben von Wertentwicklungen sind naturgemäß stets auf die Vergangenheit und auf Modellberechnungen Dritter bezogen und können nicht einfach in die Zukunft verlängert werden; daher können keine Garantien für zukünftige Entwicklungen übernommen werden.

Die Inhalte dieses Buches inklusive aller möglichen Empfehlungen, Strategien und Tipps stellen keinerlei Finanz-, Anlage- oder gar Steuerberatung dar; sie stellen insbesondere auch kein Angebot zum Kauf oder Verkauf spezifischer oder unspezifischer Geldanlagen resp. zum Kauf oder Verkauf individueller Investments, Versicherungen und Assets dar.

Die deutsche Bibliothek – CIP-Einheitsaufnahme
Die Deutsche Nationalbibliothek verzeichnet diese Publikation in der Deutschen Nationalbibliografie; detaillierte bibliografische Daten sind im Internet unter www.dnb.de abrufbar.

Keilbach, Jürgen:
Mein Finanzproblemlöser.
Die erprobte Strategie für den Aufbau von Vermögen und finanzieller Sicherheit

Print: ISBN 978-3-9825514-0-1
E-Book: ISBN 978-3-9825514-1-8

Edition Financial Planning
© Jürgen Keilbach, Branichstr. 65, 69198 Schriesheim
www.juergen-keilbach.de

1. Auflage 2024

Design, Layout und technische Produktion: text-ur agentur Dr. Gierke, Köln, www.text-ur.com

Druck und Buchhandelsanfragen: BoD – Books on Demand GmbH, www.bod.de

978-3-9825514-0-1

Printed in Germany

Inhalt

1. Vorwort

1.1 Wie Sie am meisten von diesem Buch profitieren

Selbstverständlich überlegt sich jeder Autor – so auch ich – zu Beginn seiner Arbeit am Manuskript, welche Ziele, Kenntnisse und Erkenntnispfade er seinen Leserinnen und Lesern vermitteln möchte und was seine Zielgruppe wirklich sucht, was ihr nutzt, wie er diesen Nutzen liefern kann. Denn gerade im Themenbereich Finanzen, Versicherungen, Geldanlage und Vermögensaufbau gibt es bereits zahlreiche Ratgeber, Tipps und auch allerhand kostenloses (betrachten wir mal nicht den Wert und die Zuverlässigkeit) Material im Internet.

Wieso schreibe ich also noch ein weiteres Buch zum Thema? Meiner Meinung nach mangelt es vielen Ratgebern und Anleitungen an den Bezügen zur Praxis – und überdies richten sich viele Veröffentlichungen an ein spezifisches Publikum, das sich beispielsweise für möglichst raschen – und damit aber auch riskanten – Vermögenserwerb interessiert oder besonders jung und technologieaffin oder sonst wie an spezifischem Wissenserwerb interessiert ist. Ich aber bin seit 34 Jahren in der Beratung tätig. Das sind viele Tausende Gespräche mit Menschen. Menschen in allen möglichen Lebenssituationen, Altersklassen, mit sehr unterschiedlichen Finanzzielen und Ausgangspositionen. Menschen mit verschiedenen Gefühlen, Wünschen, Sorgen, Ängsten und Träumen. Unternehmer und Arbeitnehmer, Intellektuelle und weniger Gebildete, weit gereiste Weltläufige und heimatverbundene Sicherheitsverliebte. Alle von ihnen steckten in unterschiedlichen Lebenssituationen – und oft waren und sind die Anlässe des Gesprächs alles andere als heiter. Etwa, wenn ein geliebter Mensch, beispielsweise der klassische Familienversorger, eine Unternehmerin oder ein erfolgreicher Geschäftsmensch verstorben ist, aber genau jetzt die Weichen zu stellen sind, dass die Erben weiter gut versorgt werden. Oder das hinterlassene Lebenswerk finanziell auf sichere Geleise zu stellen ist. Während viele Redakteure in Verbrauchermagazinen oder Autoren von Fachbüchern die Materie vielleicht eher analytisch-theoretisch oder unter Gesichtspunkten der Regularien kennen respektive betrachten, war ich bei meinen Kundinnen und Kunden und für diese da – ich kenne ihre Emotionen und habe ihre Lebenswirklichkeiten erlebt. Und das werden Sie beim Lesen dieses Buchs spüren.

1.1.1 Was dieses Buch nicht ist und nicht sein kann

Lassen Sie uns zunächst darüber sprechen, was dieses Buch nicht sein will und auch nicht sein kann. Es soll keine Enzyklopädie über Finanzen sein. Eine solche Enzyklopädie existiert bereits und wird beispielsweise im Rahmen der Ausbildung von Bankkaufleuten oder Finanzexperten verwendet. Allerdings würden solche Inhalte das eigentliche Ziel dieses Buches verfehlen. Denn was nützt es Ihnen als Leserinnen oder Leser im Endeffekt, im Detail zu wissen, wie sich ein Kreditinstitut finanziell absichert? Demnach strebt dieses Buch keine erschöpfende Auflistung und Beschreibung aller Finanzmarktinstrumente oder Vorsorgearten an.

Das Buch ist auch keine Anleitung, in kurzer Zeit zum Millionär zu werden oder mit dem „richtigen Mindset" Reichtum „anzulocken" respektive zu „manifestieren" – oder welche teils kruden Versprechungen da draußen sonst noch so unterwegs sind.

Ebenso wenig kann dieses Buch vollkommen neutral sein – und das muss jedem Lesenden klar sein. Denn selbstverständlich enthält kein Buch jemals die „reine und vollständige Wahrheit", jeder Autor muss zwangsweise eine Auswahl an Informationen und Lösungswegen treffen, muss Beispiele auswählen, muss den Umfang und die Art der darstellbaren Informationen abwägen, muss die Wünsche der Leserschaft vor Augen haben und wird unabdinglich sein Wissen und seine Erfahrungen einfließen lassen – das ist quasi ein Naturgesetz. Mir ist es aber wichtig, dass man sich dies vor dem

Lesen eines Buches wie dem vorliegenden – zusätzlich zu dem ausführlichen Haftungsausschluss und Disclaimer auf den Vorseiten – nochmal klarmacht, denn immerhin geht es ja bei Aufbau, Strukturierung und Erhalt von Vermögen um etwas persönlich Wichtiges.

1.1.2 Das Ziel: Finanzwissen aufbauen und informiertere Entscheidungen treffen

Eines meiner Hauptziele beim Schreiben dieses Buches (und in meinem beruflichen Alltag) besteht darin, mehr Menschen dazu zu bewegen, sich aktiv mit ihrem Geld, ihren Finanzen und letztlich ihrer Vermögensbildung auseinanderzusetzen. Denn finanzielle Bildung ist wichtig, um für sein Geld informiertere Entscheidungen treffen zu können und sich Autonomie zu verschaffen. Nur das kann übrigens auch vor dem Hereinfallen auf dubiose Anlagemodelle, verlockende Finanzfallen und schlechtmeinende ›Berater‹ schützen. Und eine grundlegende finanzielle Bildung gibt bessere Kontrollmöglichkeiten über diesen wichtigen Part des Lebens, den man nie nur Finanzberatern – oder, schlimmer noch, dem Ratschlag von Freunden oder Verwandten – überlassen sollte. Das hat die in der Presse häufig zitierte Schülerin Naina mit ihrem zwischenzeitlich zu einer gewissen Berühmtheit gelangten Tweet erkannt:

„Ich bin fast 18 und hab keine Ahnung von Steuern, Miete oder Versicherungen. Aber ich kann 'ne Gedichtsanalyse schreiben. In 4 Sprachen." Naina (Schülerin)

Dieser Tweet, dokumentiert aus dem Jahr 2015, ist in vielen respektablen Medien aufgegriffen und diskutiert worden und hat eine breite Bildungsdebatte ausgelöst – der Ruf nach besserer Finanzbildung ist zwischenzeitlich sogar in der Politik angekommen: Die Stärkung des Finanzwissens soll künftig mit einer „Initiative Finanzielle Bildung", initiiert von Bundesbildungs- und Bundesfinanzministerium gelingen, die vor allem auf den Säulen „Nationale

Finanzbildungsstrategie, die die aktuell in Deutschland bestehenden Defizite beim Finanzwissen benennen soll", „Finanzbildungsplattform, die Infoangebote bündeln soll" und „Forschung zu finanzieller Bildung" ruht[1] – bisher ist auf der Website des Bundesfinanzministeriums aber nur der Auftakt dokumentiert.[2] Zwischenzeitlich muss man nach den neuesten Pisaergebnissen (2023) den Verdacht äußern, dass sich die Situation im Wesentlichen nicht gebessert, sondern womöglich sogar verschlimmert hat:
Erlernen von Wirtschaftskompetenz: eher Fehlanzeige.
Eigenständiges Erarbeiten praxisrelevanter Instrumente für Geldanlage, Vermögensaufbau und Vorsorge: eher Fehlanzeige.
Vermittlung anwendbaren Finanzwissens: eher Fehlanzeige.

Sparen ist kein Selbstzweck – Vermögen muss gestaltet werden
Aus meiner erfahrungsgeprägten Sicht sind wir Deutschen immer noch ein Volk von Sparern, was auch historische Gründe haben mag. Unsere Sprache ist voller Redewendungen und Sprichwörter, die das Sparen betonen. Doch Sparen bedeutet im Best Case lediglich, das Geld zusammenzuhalten – wenn denn, je nach Zins- und Inflationsniveau, überhaupt. Und was passiert dann? Vermögensverlust zum Zuschauen!
Geld sollte investiert werden. Denn nur wer investiert, hat die Chance, dass sich der althergebrachte ›Spargroschen‹ vermehrt und ein Vermögen daraus wird. Dabei ist es mir wichtig zu betonen, dass ich Ihnen nicht verspreche, dass Sie nach dem Lesen dieses Buches und einigen Gesprächen mit mir quasi automatisch ›reich‹ werden. In meinem Beratungsbüro gibt es den Leitspruch, dass wir unsere Kundinnen und Kunden von Sparern zu Investoren machen wollen. Und für die meisten ist das schon ein völlig neuer Gesichtspunkt und ein großer Schritt, der oft mit vielen Unsicherheiten

---

1   Vgl. www.bundesregierung.de/breg-de/aktuelles/initiative-finanzielle-bildung-2173056.
2   Vgl. www.bundesfinanzministerium.de/Monatsberichte/2023/12/Inhalte/Kapitel-2b-Blick-von-aussen/gastbeitrag-strategie-zur-finanzbildung.html (vgl. auch Anm. 1).

verbunden ist. Allein schon deshalb, weil wir das – siehe den obigen Tweet – nie in der Schule gelernt haben.

Und genau hier setzt dieses Buch an. In meinen ersten Gesprächen mit neuen Kunden stelle ich immer wieder fest, dass sie immerhin schon die Entscheidung getroffen haben, nicht mehr nur sparen, sondern investieren zu wollen. Ihnen ist klar, dass es keinen anderen (legalen) Weg zum Vermögensaufbau gibt – dennoch haben die meisten nur oberflächliche Kenntnisse über verschiedene Anlageformen oder Vorsorgeprodukte.

Ein häufiges Statement, das ich in meinem Berufsalltag höre, ist: „Ja, das habe ich schon gehört, aber ich weiß ehrlich gesagt nicht, wie das funktioniert." Wenn es Ihnen manchmal ähnlich ergeht, wenn es um Geldanlagen oder Versicherungen geht, dann ist dieses Buch für Sie!

In diesem Buch werden viele typische Fragen aus dem Bereich Finanzen beantwortet. Ich weise auf Probleme hin, mit denen sich jeder auseinandersetzen muss, der bewusst mit seinem Geld umgeht. Mein Ziel ist es, dass Sie nach einem Erstgespräch (ich sage mal mit einem Augenzwinkern: „Am besten natürlich mit mir…" – so viel Eigeninteresse muss sein) besser informiert sind.

Sie werden nicht nur die Funktionsweise und den Nutzen vieler Produkte und Lösungen aus dem Finanzmarkt und der Versicherungswelt kennenlernen. Sondern Sie erhalten an vielen Stellen auch eine konkrete Bewertung dafür, für wen und unter welchen Umständen dieses oder jenes Produkt sinnvoll sein kann. Dies ist einer der Bereiche, in denen ich meine eigene Stärke ausspielen kann. Als unabhängiger Berater bin ich nicht daran gebunden, eine bestimmte Lösung zu empfehlen oder ein Produkt einer spezifischen Bank oder Versicherung zu verkaufen. Sie erhalten also eine so weit als möglich unvoreingenommene Bewertung von jemandem, der seit vielen Jahren aktiv in dieser Branche tätig ist.

Damit Sie noch mehr Nutzen aus dem Buch ziehen können, habe ich einige Zusatzservices für Sie eingebaut:

- Im Verlauf des Buches erhalten Sie immer wieder Beispiele aus meinem beruflichen Alltag; selbstverständlich so, dass die betroffenen Personen nicht erkennbar sind und keine Rückschlüsse auf die tatsächliche Identität gezogen werden können. Praxisfälle sind meiner Meinung nach sinnvoller als viele Modellrechnungen, die Sie möglicherweise aus Internetquellen kennen, die aber selten auf die eigene Situation übertragbar sind – so können Sie die Beispiele besser auf sich übertragen.

- Bei wichtigen Fachbegriffen, die im Buch genutzt werden, finden Sie einen QR-Code zu kurzen Videosequenzen, in denen ich diese Fachbegriffe einfach und verständlich erläutere. Öffnen Sie einfach die Foto-App auf Ihrem Smartphone und richten Sie es auf die QR-Codes, dann werden Sie automatisch auf die Videos durchgeleitet.

- Wenn Sie kurze Rückfragen an mich zu bestimmten Passagen im Buch haben, bin ich erreichbar für Sie: Suchen Sie sich einfach einen passenden Termin aus unter https://outlook.office365.com/book/JrgenKeilbach@efc.ag.

2. Finanzielle Bildung – das A und O

2.1 Es mangelt uns an finanzieller Bildung!

Die Älteren unter Ihnen werden sich wahrscheinlich lebhaft an die Werbespots im Fernsehen erinnern, die heutzutage oft als „ikonisch" bezeichnet werden. Da war der immer lächelnde und hilfsbereite „Herr Kaiser", der im Auftrag einer Versicherungsgesellschaft stets zur Stelle war. Man konnte sogar eine „Allianz fürs Leben" eingehen. Und dann war da noch der Großvater, der im obligatorischen Ohrensessel saß und die Früchte seiner Spargroschen genießen durfte – natürlich das Ergebnis einer gut angelegten Lebensversicherung.

Für diejenigen, die nicht in dieser Zeit aufgewachsen sind, mögen diese Werbeclips ohne nostalgischen Bezug eher erstaunlich sein. Aber so war sie, die „gute alte Zeit", in der sich die Kundinnen und Kunden noch nicht über das Internet über Anlagemöglichkeiten und Versicherungen informieren konnten. Was früher das Fernsehen und Magazine waren, übernehmen heute Internetplattformen und -foren. Ist es damit besser geworden? Nein. Wenn ich mir das anschaue, muss ich häufiger an den Rattenfänger von Hameln denken, es hat sich an den Angeboten und Verkaufsmethoden bis auf die Technologie wenig bis nichts geändert. Und Menschen verlieren reihenweise ihr Erspartes, da sie oft von reinen Produktverkäufern adressiert werden und ohne Strategie und vertieftes Hintergrundwissen handeln.

Für Banken, Sparkassen und Versicherungen waren das früher goldene Zeiten. Als Kunden haben wir uns im Wesentlichen nur für eine uns sympathische Marke entscheiden müssen (es sei denn, wir blieben gleich bei der Bank oder Versicherung, mit der schon unsere Eltern ihre Verträge abgeschlossen hatten). Den Rest erledigten dann die freundlichen Menschen hinter dem Schalter oder der Versicherungsmitarbeiter, der regelmäßig zu Besuch kam. Aber dazu mehr später im Buch.

Es scheint zwar fast unglaublich, aber eine Konstante beherrscht unseren Finanzalltag seit Langem: Junge Kundinnen und Kunden treffen Generation wie Generation übernehmend unvorbereitet auf den Markt – und auch über die Jahre lernen viele nicht die Grundlagen der finanziellen Bildung. Fundierte Kenntnisse über Geldanlagen oder Finanzprodukte werden in unseren Schulen nicht vermittelt. Sicher, es gibt Ausnahmen: In manchen Bildungseinrichtungen hören Schüler wahrscheinlich im Fach „Wirtschaft und Politik" etwas über die Börse. Sie lernen das Konzept von Aktien kennen und können in Mathematik auch Zinsen berechnen. Aber  dieses Wissen verschwindet womöglich genauso schnell, wie es oberflächlich vermittelt wurde. Beispiele dafür gibt es viele, so wissen laut einer Umfrage des Bankenverbands im Jahr 2021 etwa 44 Prozent der Jugendlichen nicht, was Vokabeln wie „Inflationsrate" eigentlich bedeuten.

Aus meiner eigenen Beratungspraxis weiß ich, dass selbst diejenigen, die aktiv an ihrem Vermögensaufbau arbeiten wollen, nur sehr begrenzte Kenntnisse über den Finanzmarkt oder Anlageprodukte haben.

So ist es kaum verwunderlich, dass die Deutschen immer noch ein Volk der Sparer sind. Das Sparkonto ist bekannt, leicht zugänglich und seine Funktion verstehen wirklich alle. Aber das hat mit Vermögensaufbau nichts zu tun, da sich die Sparzinsen unabhängig vom allgemeinen Zinsniveau unterhalb der Inflationsrate bewegen werden und – noch bedenklicher – ein Investment in ‚Papier' ist, welches nur auf Vertrauen beruht! Der ‚evolutionäre Schritt' zum Tagesgeld macht das Ganze auch nicht viel besser.

Haben Sie sich schon einmal gefragt, woher diese Zurückhaltung gegenüber anderen Anlageformen als Sparbuch, Fest- und Tagesgeld kommt? Liegt das allein an einem Mangel an finanzieller Bildung? Oder stecken da vielleicht Interessen anderer dahinter, denen es ganz recht ist, dass Sie schlicht weiter zu den Sparern gehören?

2.2 Bankberater sind nicht Ihre Freunde

Banken und Sparkassen haben clevererweise ihr Verkaufspersonal als „Berater" bezeichnet – das klingt natürlich viel besser. Aber im Grunde genommen handelt es sich bei Bankberatern einfach um Verkäufer von Produkten der Bank (und ihrer Partner). Jede Filiale erhält klare Vorgaben, welche Produkte innerhalb einer bestimmten Frist in welchen Stückzahlen an die (mehr oder weniger) interessierte Kundschaft vermittelt werden sollen. Und das erklärt auch, wie es zu dem ‚Zufall' kommt, dass verschiedene Banken eine bestimmte Versicherungspolice, einen Fonds oder eine Produktkategorie ‚entdecken' und empfehlen. Es ist dann auch kein großes Wunder: Ein angestellter Bankberater kann Sie niemals vollständig unabhängig informieren. Und er kann Ihnen auch niemals eine so breite Palette an Produkten anbieten wie ein unabhängiger Berater.

Zwar haben die Banken und Sparkassen in den letzten Jahren versucht, die eingeschränkte Produktauswahl zu verbessern. Viele Institute bieten inzwischen zumindest online auch Produkte anderer Banken und Produktgeber an. Allerdings handelt es sich dabei wiederum nur um diejenigen, mit denen die Bank eine Kooperation eingegangen ist. Und es handelt sich lediglich um einen Ausschnitt der tatsächlich verfügbaren Produkte – aber unter den ausgeschlossenen könnte sich natürlich dasjenige befinden, das für Sie die größten Vorteile bringt.

Dazu ein Ausflug in die Praxis. Beruflich komme ich auch regelmäßig mit Führungskräften und Vorständen von Banken zusammen. Da wird schon mal im Smalltalk tief ins Nähkästchen gegriffen und klar formuliert, dass von zehn Baufinanzierungen die ersten sieben von der Bank selbst übernommen werden. Die Nummer 8, 9 und 10 landen dann beim Kooperationspartner. Es ist also eher ein Glücksspiel, an welcher Position Sie dann als Kunde gerade zur Tür reinkommen ...

2.3 Renditeversprechen versus Risiko

Viele der bereits erwähnten Werbespots, sowohl von heute als auch aus längst vergangenen Zeiten, prägen die Werbung für Finanzprodukte mit einer gemeinsamen Botschaft: „Geldanlage muss sicher sein".

Historisch betrachtet ist diese Forderung verständlich. Denn die TV-Zuschauer der 1970er-Jahre, die über freies Einkommen verfügten, um es anzulegen, hatten entweder selbst den historischen Börsencrash der 1930er-Jahre erlebt oder zumindest von ihren Eltern diese Information übernommen. Millionen von Kleinsparern standen mit der galoppierenden Inflation vor dem Nichts. Und diese Erfahrung wurde weitergegeben. Lähmend weitergegeben.

„Meine Geldanlage muss sicher sein." Dieser Satz taucht in den Erstberatungsgesprächen mit meinen neuen Kunden regelmäßig auf. Ich entgegne dann immer, „was verstehen Sie unter Sicherheit?", „Sicherheit vor der Partnerin oder dem Partner? Sicher vor dem Finanzamt? Sicher vor der Inflation?" Spaß beiseite, die Frage lautet also: „Sicher vor wem oder wogegen?" Die meisten Menschen meinen dann, dass sie sich vor dem Verlust des Geldes schützen wollen; also das Geld vermehren, aber keine Risiken eingehen möchten.

Aber das funktioniert natürlich nicht. „No pain, no gain": So nach dem Motto „Es gibt keinen Gewinn ohne Schmerzen" lautet es im angloamerikanischen Sprachraum und in der Finanzwelt. Es gibt keine völlig risikofreien Geldanlagen. Je sicherer eine Geldanlage erscheint, desto geringer sind normalerweise die Chancen, dass sich das eingezahlte Geld nennenswert vermehrt. Es ist wichtig und richtig, sich vor einer Geldanlage und Investition über die damit verbundenen Risiken zu informieren. Die Bewertung der Risiken ist keine triviale Angelegenheit, aber auch keine „Raketenwissenschaft".

Die Bereitschaft, ein Risiko einzugehen oder es eingehen zu können, hängt zuerst von persönlichen Faktoren ab, wie beispielsweise dem vorhandenen Kapital und der Lebensphase, in der sich die Kundin oder der Kunde befindet. Und natürlich spielt auch die individuelle Risikobereitschaft eine Rolle.

Darüber hinaus bergen Finanzprodukte selbst Risiken. Beispiel: Ein CFD (*Contract for Difference*) beispielsweise, ein sogenanntes Hebelprodukt, kann Experten zweistellige Renditen bescheren, es kann aber auch zu einem Totalverlust führen. In den Händen von Einsteigern wird es mit großer Sicherheit zum Letzteren führen.

Beim Abwägen von Risiken sollte man sich nicht in falscher Sicherheit wiegen, reine Werbeaussagen sind da nicht viel wert. Die Aktienemissionen der Deutschen Telekom wurden seinerzeit als „Volksaktie" und sichere Geldanlage angesehen. Die Geschichte kennt jedoch den wirklichen Ausgang – und der war nicht so glücklich ...

Der Gesetzgeber verpflichtet Banken, Sparkassen, Versicherungen und Emissionshäuser, das Risiko bei Anlageprodukten abzufragen. Allerdings sind die damit verbundenen Fragen sehr statisch: Es wird ein recht grobes Raster über den breiten Markt an Anlage- und Investitionsprodukten gelegt, basierend auf dem Motto: „One must fit it all." Im Prinzip handelt es sich bei dieser Risikoanalyse um eine Art Test. Eine ‚Eignungsprüfung' für mögliche Kunden, die die Frage beantwortet, ob sie für das jeweilige Produkt ‚geeignet' sind („Geeignetheitsprüfung"). Also ob anhand des groben Rasters feststeht, dass die Bank jenen Kunden dieses Produkt auch aktiv anbieten kann. Am Ende werden Sie als Kunde dann einem bestimmten Kundenprofil zugeordnet.

Wie bereits erwähnt, ist dies aus regulatorischer Sicht notwendig und sicherlich gut gemeint. Aber kluge und richtige Investitionsentscheidungen sind nicht von der Stange zu haben. Ein so grobes Standardsieb als Vorabkriterium kann schlichtweg nicht funktionieren.

Rein aus Praxissicht werden laut der gesetzlichen Vorgabe bei der Bildung dieser Kundenprofile vorhandene Erfahrungen und Kenntnisse seitens der Kunden abgefragt. Aber wie sollen Anlegerinnen und Anleger denn diese Kenntnisse besitzen, wenn sie in der Schule davon weder gehört noch etwas gelesen haben? Wie können neue Anlegerinnen praktische Erfahrungen vorweisen, wenn sie gerade erst die ersten Schritte unternehmen? Wer die Fragen wahrheitsgemäß beantwortet, wird dann in einer Risikoklasse eingeordnet, die den vermeintlichen Schutz vor Verlusten deutlich höher als die Renditechancen einstuft. Damit verbunden ist dann oft die Vorstellung, dass der Anleger für andere als die angebotenen Anlageformen ‚zu dumm' ist. Und wer garantiert eigentlich, dass die per gesetzlicher Definition „sicheren Anlagen" keinen Totalverlust erleiden können? Ein Beispiel. Staatsanleihen, also die Finanzierung von Staatsschulden, werden als ‚sicher' definiert. Formulieren wir mal umgekehrt: Letztlich definiert der Staat, dass Staatsschulden sicher sind ... Leider ging diese Rechnung im vergangenen Jahrhundert zweimal nicht auf.

Mein Tipp: Fragen Sie sich bei Anlagemodellen immer, wer oder was ist mein Flaschenhals an Information über dieses Produkt. Ist es nur EINE Person oder Institution, egal mit welchem Leumund, dann Finger weg!

Das mit dem Leumund schreibe ich auch deswegen, weil junge und jüngere Menschen unter 40 sich nach aktuellen Untersuchungen stark auf Ratschläge von Freunden (93 Prozent) und Familie (90 Prozent) verlassen und ihr Vertrauen häufiger auch Finfluencern (76 Prozent) und Coaches (53 Prozent) schenken.[3] Das bedeutet sicher nicht, dass diese zwingend ‚übel wollen', aber es ist immer wichtig, dass Sie Anlageempfehlungen – egal von wem sie

---

3 Vgl. www.versicherungsbote.de/id/4912365/Bei-diesen-Finanzthemen-fehlt-es-den-Deutschen-an-Wissen.

kommen – auf eine Hidden Agenda hin überprüfen (beispielsweise, ob jemand im Gegenzug für Beeinflussungen/Werbungen oder Empfehlungen direkt oder indirekt profitiert) und grundsätzlich breitere Informationen und Bewertungen recherchieren. Folgen Sie weder Herdentrieb noch Gier.

2.4 Die Tücke bei der Zinsberechnung

Sie erinnern sich mit Schrecken an den Mathematikunterricht in der Schule? Sie sind damit nicht allein. Viele Menschen denken ungern an Kurvendiskussionen oder Stochastik zurück. Prozentrechnung und Zinsberechnungen gehören selbstverständlich heute noch zu den Lehrplänen. Aber da junge Menschen maximal über das von den Eltern gezahlte Taschengeld verfügen und keine nennenswerten Beträge für Investitionen besitzen, bleiben die Beispiele im Unterricht abstrakt und werden schnell vergessen. Besser wäre vielleicht, eine Baufinanzierung mit annuitätischer Tilgung zu erklären.  Das hat eine praktische Beziehung zu einer Kurvendiskussion. Viele Menschen tun sich schwer, zumindest in Form eines Überschlags Zinssätze und Renditen zu errechnen, was jedoch die Basis für eine kluge Finanzentscheidung ist. In Gesprächen mit Kunden begegnen mir immer wieder zwei klassische Irrtümer:

- Viele Menschen vernachlässigen den Zinseszins. Sie vergessen, dass Zinsen auf das angelegte Kapital auch weiterhin Zinsen generieren und dieser Zinseszinseffekt erhebliche Auswirkungen auf die Endsumme hat, insbesondere bei langfristigen Investitionen. Es gibt im Internet jedoch eine ganze Reihe von kostenlosen Rechnern, die bei der Kalkulation helfen.
- Umgekehrt wird gerne ‚vergessen‘, dass Zinsen auf Darlehen und Kredite im Laufe der Zeit geringer werden, weil das geliehene Geld durch Tilgungsanteile schrumpft. Wichtig bei

allen Berechnungen ist zu beachten, auf welche Perioden sich die Angaben von Zinsen beziehen.

Um einschätzen zu können, ob sich eine Investition in ein Wertpapier oder eine andere Geldanlage lohnt, ist die Berechnung der Rendite das entscheidende Kriterium. Hier treten die meisten Fehler auf. Kunden präsentieren mir oft in unserem ersten Gespräch voller Stolz bereits getätigte Geldanlagen und schwärmen dann von der Rendite. „Ich bekomme drei Prozent drauf!" Wenn ich dann frage, ob dies die Brutto- oder Nettorendite ist oder vor oder nach Inflation, stoße ich schon mal auf ein „Ach so".

Ein klassisches Beispiel für das Missverständnis bei der Rendite. Unsere Lebensversicherer werben gern mit einer Überschussverzinsung von 3,6 oder 3,8 Prozent. Das klingt vorderhand ja nach viel, aber viele Menschen überlesen, dass es sich um die Verzinsung des „Überschusses" handelt. Es wird also nicht das Deckungskapital mit 3,8 Prozent verzinst. Es bedeutet vielmehr, dass 98 Prozent der Gesamtsumme mit ca. 0,5 Prozent verzinst werden. Die fast vier Prozent Zinsen gibt es also gerade einmal auf zwei Prozent des Kapitals. Abzüglich Kosten und Verwaltung ist das Lieblingsprodukt der Deutschen so etwas wie ein Rohrkrepierer, um es zugespitzt auf den Punkt zu bringen.

Bei einer Geldanlage entstehen auch immer Kosten, die den Ertrag schmälern. Der Staat möchte von Ihrer cleveren Geldanlage auch seinen Teil abhaben. Bei der als Quellensteuer umgesetzten Kapitalertragssteuer sind das immerhin 25 Prozent. Die Menschen hinter den Produkten wollen auch leben, Bank oder der Broker erhalten ebenfalls eine Vergütung. Das alles geht von Ihren Erträgen ab. Es mag also durchaus zutreffen, dass Sie drei Prozent von dem Emittenten eines Wertpapiers auf das Kapital als Ertrag erhalten. Am Ende bleibt jedoch weniger übrig. Das ist Ihre Nettorendite.

Wenn Sie es jetzt genauer wissen wollen, hier sind ein paar Hinweise, wie Sie selbst in Form eines Überschlags Ihre Renditen berechnen können: Sie haben einen Aktienfonds für 2.000 Euro gekauft und veräußern diesen nach einem Jahr zum aktuellen Börsenkurs von 2.500 Euro. Sie können Ihre Bruttorendite jetzt per Überschlag so berechnen:

$$\frac{500\ €}{2.000\ €} \times 100 = 25\ \%$$

Erst einmal ein stolzer Wert – sonderlich sinnvoll ist der aber noch nicht, wie Sie gleich noch sehen werden. Auf die 500 Euro müssen Sie Abgeltungssteuer von 25 Prozent zahlen. Außerdem sind Orderkosten in Höhe von 22 Euro angefallen. Im Überschlag kommt nun heraus:

500 € x 25 Prozent = 125 € Kapitalertragssteuer => 375 € Ertrag nach Steuer
375 € / 2.000 € x 100 = 18,75 Prozent = 6,25 Prozent Steuerkosten

Das ist also schon deutlich weniger. Aber tatsächlich auch nur ein Überschlag, denn wie Sie so verschiedene Anlageklassen beurteilen, vergleichen Sie die berühmten Äpfel mit Birnen. Wichtig in dem Zusammenhang ist nämlich auch, über welchen Zeitraum Sie die Rendite erwirtschaften. Und hier ist es am besten, die jährliche Rendite zu berechnen. Das machen Experten so. Es wird dann von Rendite per annum gesprochen. Die berechnet sich nach dieser Formel:

$$Jr = (1+p)^{\frac{365}{T}} - 1$$

(Jr = Jahresrendite, p = Prozentsatz, T = Laufzeit in Tagen)

Also, in anderen Worten ausgeschrieben: Jahresrendite = (1 + Gesamtrendite) hoch (365 / Haltedauer in Tagen) – 1.

Im gerade erwähnten Beispiel hatten Sie die Aktien nach einem Jahr verkauft.

Gehen wir jetzt einmal davon aus, dass der Verkauf erst nach 560 Tagen erfolgte. Dann erhalten Sie die Bruttorendite, in dem Beispiel 25 Prozent, auf Jahresbasis:

$$(1+0,25)^{\frac{365}{560}} - 1 = 0,1565 \text{ Jahresrendite}$$

Dies sind dann auf das Jahr rund stolze 15,7 Prozent brutto. Die Nettorendite per annum würden Sie dann entsprechend berechnen. Wenn Sie Wirtschaftsmathematiker sind, schlagen Sie jetzt vermutlich die Hände über dem Kopf zusammen. Aber es geht mir an dieser Stelle um das Prinzip und überschlagsmäßiges Rechnen, nicht um mathematische Exaktheit.

Ebenfalls wichtig für Sie ist an dieser Stelle, dass die Berechnung der Rendite je nach Anlageklasse etwas anders berechnet werden muss. Zwar bleibt es wichtig, die Jahresbasis heranzuziehen. Allerdings sind die Formeln für Anlageformen wie Fonds oder ETFs anders als bei unserem einfachen Aktienbeispiel. Bei einem Fonds, der aktiv betreut wird, fällt beim Kauf von Anteilen nicht selten ein Ausgabeaufschlag, das Agio, an. Dieser fällt aber immer weniger ins Gewicht, je länger die Anteile gehalten werden. Logisch, der gezahlte Betrag verteilt sich dann über den Zeitraum. Allerdings fällt er dann bei jeder neuen Einzahlung an. Um also mathematisch exakt zu sein, müssten Sie dies dann für die Anteile abbilden. Eine endlose Rechnerei. Im Sinne der Verbraucherfreundlichkeit und Vergleichbarkeit wurde eine Kennziffer entwickelt, um diese entstehenden Kosten besser vergleichen zu können: die „Total Expense Ratio" (TER), zu deren Veröffentlichung alle Fondsgesellschaften verpflichtet sind. So bedeutet eine TER von 1,72, dass das Produkt jährliche Kosten von 1,72 Prozent verursacht. Eine wichtige Größe, wenn Sie einen Renditerechner im Internet nutzen wollen. Achtung! Bei vielen Factsheets sind diese Kosten in der Angabe der Rendite *per annum* bereits berücksichtigt.

Wie Sie sehen, ist das mit der Renditeberechnung nicht ganz leicht. Deswegen ist meine Frage im Erstgespräch, ob es sich um Brutto- oder Nettowerte handelt, auch ernst gemeint. Denn: Egal, welche Formel Sie auch für welche Anlageform einsetzen, ganz am Ende müssen Sie noch die Inflation und die Steuern berücksichtigen, um eine reale Rendite zu bekommen. Und das ist eigentlich eine der wichtigsten Größen, wenn Sie Vermögen aufbauen wollen.

Von Ihrer, auf welche Weise auch immer ermittelten, effektiven Rendite müssen Sie die Inflationsrate nämlich noch abziehen. Im Internet können Sie bei statistischen Ämtern die offizielle Inflationsrate ablesen. Und die ist dann oft wenig schmeichelhaft für Ihre Geldanlagen. Ein Beispiel: Ergibt sich eine effektive Rendite mit einem Nettowert von drei Prozent, ist Ihre Effektivrendite – 2,75 Prozent bei einer Inflationsrate von fünf Prozent. Um diesen Faktor verringert sich die Kaufkraft Ihrer Erträge.

2.5 Das Gespenst der Inflation und deren Einfluss auf Ihr Geld

Der Begriff Inflation ist unter Finanzberatern allgegenwärtig. Sie verstehen die Bedeutung, kennen die Auswirkungen auf die Ersparnisse ihrer Kunden und sollten die aktuelle Inflationsrate im Auge behalten. Bis Mitte 2022 war Inflation für die meisten Menschen nur eine Zahl, die monatlich in den Nachrichten genannt wurde. Den meisten Zuschauern war bekannt, dass Inflation mit Preissteigerungen zusammenhängt.

Die Sanktionen gegen Russland als Reaktion auf den Angriffskrieg gegen die Ukraine ist ein typisches Beispiel für externe Faktoren, die wirtschaftliche Prognosen und Abläufe durcheinanderwirbeln können. Diese Ereignisse trafen zu einem unvorteilhaften Zeitpunkt ein, da die Weltwirtschaft bereits durch die Coronakrise aus dem

Gleichgewicht geraten war. Mit dem Ausbleiben der bisher sicheren Gasversorgung aus Russland und teuren Stromimporten aus Frankreich begann der Preis für Erdgas aufgrund der Marktmechanismen in noch nie dagewesenem Ausmaß zu steigen. Wenn sich die Energie verteuert, die für die Produktion genutzt wird, müssen zwangsläufig auch die Produktkosten steigen. Über Nacht wurde die Inflation zum vorherrschenden Thema in den Medien, da sie zweistellige Niveaus erreichte.

Ein Blick in die Geschichtsbücher zeigt, wie schnell es gehen kann. 1923 kam es zu einer Hyperinflation. In weniger als vier Monaten war die Reichsmark nichts mehr wert. Die Vollbremsung (massive Zinserhöhungen in wenigen Monaten) seitens aller wichtigen Notenbanken rund um den Globus lassen erahnen, welche Ängste es zumindest in diesen Zentren der Geldmacht gab. Lassen Sie mich es so sagen: Inflation ist das Kaminfeuer im Wohnzimmer, schön unter Kontrolle, wehe wenn man die Kontrolle verliert. Es gibt nichts Verheerenderes für Ihr Vermögen als Inflation!

Das Buch beabsichtigt nicht, ein umfassendes Werk über wirtschaftliche Begriffe zu sein. Daher werden hier keine weiteren Erklärungen dazu gegeben, was Inflation antreibt oder wie sie entsteht. An dieser Stelle soll lediglich Folgendes festgehalten werden:

- Inflation beschreibt den Anstieg der Preise und ist eine statistische Größe. Sie wird auf Grundlage eines allgemeinen Warenkorbs berechnet, und am Ende steht ein Durchschnittswert. Liegt die Inflation durchschnittlich bei fünf Prozent, bedeutet das, dass die Waren, die Sie erwerben möchten, deutlich teurer geworden sind.
- Mit Preissteigerungen geht eine Geldentwertung einher. Wenn Sie heute eine Waschmaschine kaufen möchten, die 1.000 Euro kostet und Sie 1.000 Euro auf dem Konto haben, stellt das kein Problem dar. Wenn sich jedoch Ihr Vermögen nicht erhöht und die Preise im Laufe der Jahre steigen,

können Sie sich die Waschmaschine vielleicht nicht mehr leisten, wenn sie 1.200 Euro kostet. Nominell hat sich auf Ihrem Konto nichts geändert, aber die Auswirkungen sind erheblich.

Die meisten Anleger unterschätzen diesen langfristigen Effekt. Denn wenn die Rendite bei Vermögensaufbau nicht zumindest mit der Inflationsrate mithalten kann, verlieren Sie buchstäblich Geld. Hier ist ein hypothetisches Beispiel:

1. Sie haben heute 10.000 Euro auf dem Konto.
2. Gemäß den aktuellen Zielen der Europäischen Zentralbank liegt die Inflationsrate bei zwei Prozent.
3. Nach zehn Jahren wird der Kaufpreis eines Produkts, das heute 10.000 Euro kostet, aufgrund der angenommenen jährlichen Steigerung um zwei Prozent nun 12.189,94 Euro betragen. Das entspricht einer Preiserhöhung von fast 22 (!) Prozent und einem Kaufkraftverlust von knapp 18 Prozent.

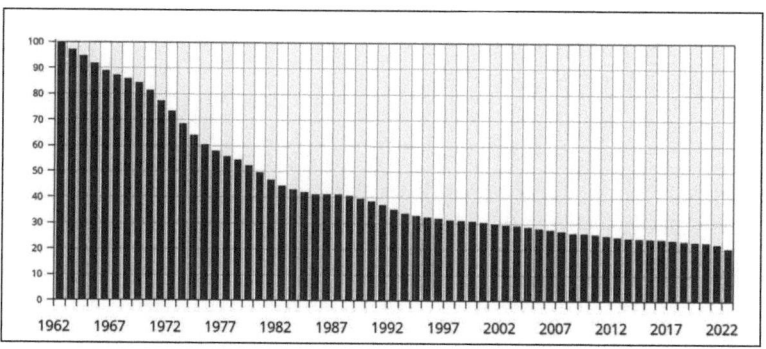

Abb. 1: Kaufkraftentwertung durch Inflation
Quelle: eigene Darstellung

Haben Sie sich schon einmal gefragt, wie viel Kaufkraft Sie in derselben Zeitspanne verlieren, wenn die Inflationsrate sieben Prozent beträgt, wie es zwischenzeitlich in Deutschland der Fall war? Die Antwort ist verblüffend: Fast 50 Prozent (genau genommen 49,17 Prozent). In nur zehn Jahren müssten Sie für ein Produkt, das heute 10.000 Euro kostet, stolze 19.671,51 Euro bezahlen. Mit Ihren 10.000 Euro auf der Bank könnten Sie dann nur noch Waren im Wert von 5.000 Euro erwerben.

Das ist doch erstaunlich, oder? Und vor allem schmerzhaft! Denn dadurch werden die Renditeversprechen vieler Finanzprodukte entlarvt. Selbst wenn Sie kein weiteres Geld auf Ihr Festgeldkonto einzahlen und keinerlei Zuwächse verbuchen, sind zwei Prozent Zinsen (zum Zeitpunkt der Texterstellung) marktüblich, sie sorgen aber lediglich dafür, dass Sie Ihr Gewissen beruhigen und Ihr Vermögen nur auf dem Papier mehr wird. Das ist das Toxische an der Inflation.

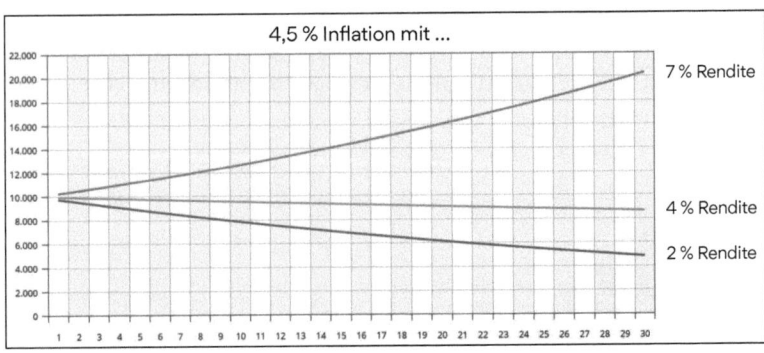

Abb. 2: Beispielhaft: Auswirkung einer Inflation von 4,5 Prozent auf verschiedene Renditehöhen (Quelle: eigene Darstellung)

Der Kaufkraftverlust durch die Inflation ist beeindruckend. Nun geht es aber hier nicht allein darum, dass sich Produkte verteuern werden. Geradezu dramatisch wirkt sich die Inflation bei Ihrer Altersvorsorge aus. Denn Modellrechnungen basieren ebenfalls auf Inflationsraten. Einmal im Jahr erhalten alle Bürger, die in die gesetzliche Rentenversicherung einzahlen, ein

Informationsschreiben. Geschickt wird darin in Fettdruck die Summe der prognostizierten Rentenzahlung hervorgehoben. Aber haben Sie schon einmal die Erläuterungen dazu durchgelesen? Sie finden dort eine angenommene Inflationsrate, die bei Drucklegung dieses Buchs real zweimal so hoch liegt als die Annahme der Rentenversicherung. Sie werden also die genannte Summe, sofern in den kommenden Jahren wirtschaftliche keine goldenen Zeiten anbrechen, niemals erreichen. Von der Armut im Alter werden sehr viel mehr Menschen betroffen sein, als sie es sich derzeit vorstellen.

Das Zusammenspiel zwischen Geldentwertung und Geldanlage eignet sich auch hervorragend, um den Unterschied zwischen den beiden Mentalitäten „Sparen" und „Investieren" zu erklären. Der Investor will gerade nicht nur die Kaufkraft der angelegten Gelder erhalten, also vermeiden, dass sein Vermögen unter der Inflation leidet. Vielmehr möchte er, dass sich seine Einlage auch bereits erhöht. Das Geld des Sparers mit seinem Tagesgeldkonto wird entsprechend weniger wert. Das Geld des Investors steckt in Immobilien und anderen Werten und hat sich gerade mit der Inflation vermehrt. Rückenwind statt Gegenwind!

2.6 Verbraucherzentralen wollen auch ihre Geschäfte machen

„Die Verbraucherzentrale warnt" oder „Verbraucherschützer raten" – so oder ähnlich liest man regelmäßig in der Tagespresse, im Internet oder hört in Fernsehbeiträgen Expertenmeinungen zu Kindersitzen, Bubble-Tea, Laptops oder auch zu Geldanlagen. Verbraucherzentralen, Finanztest und ähnliche Publikationen gelten als Anwälte der Verbraucher. Sie haben anscheinend unser Wohl im Blick und beraten unabhängig zu verschiedenen Themen. Schauen wir genauer hin.

Die Wurzeln des organisierten Verbraucherschutzes reichen bis in die 1930er-Jahre des 20. Jahrhunderts zurück. In der Zeit der großen Depression war es wichtig, dass Verbraucher in den USA besonders auf ihr Geld achteten. Die „Consumers' Union" war eine der ersten Verbraucherzeitschriften und wurde 1936 gegründet. Ihr Ziel war es, den Lesern Produkte zu empfehlen, die ihr Geld wert sind. Die Zeitschrift finanzierte sich ausschließlich durch den Kioskverkauf oder Abonnements. Sie hatte keinen Anzeigenteil. In den Nachkriegsjahren erlebte sie einen großen Erfolg und fand zahlreiche Nachahmer. Auch der Anwalt Ralph Nader, der in den 1960er-Jahren gegen amerikanische Automobilhersteller vorging, ist legendär. Das Konzept des Verbraucherschutzes setzte sich in den 1950er- und 60er-Jahren auch in Deutschland und Europa durch. Heute gibt es Verbraucherzentralen in jedem Bundesland. In dieser Zeit wurde auch die Stiftung Warentest gegründet, die seit 1991 die Zeitschrift Finanztest herausgibt, die sich ausschließlich mit Geldanlagen, Versicherungen und Vorsorge beschäftigt.

Die Meinungen der Tester haben großes Gewicht: Egal in welcher Branche und für welches Produkt – eine positive Bewertung verschafft Wettbewerbsvorteile und kann zu steigenden Umsätzen führen. Umgekehrt werden Unternehmen, die bei Vergleichen schlecht abschneiden, Umsatzeinbußen verzeichnen. Da andere Medien oft über Testergebnisse berichten und so eigene aufwendige Recherchen sparen können, schlagen die Berichte stark an.

Im Grunde ist es positiv, dass es Qualitätssiegel gibt. Ich selbst orientiere mich auch bei meinen privaten Einkäufen daran. Ein Kindersitz mit dem GS-Zeichen erzeugt mehr Vertrauen als ein Produkt ohne dieses Siegel. Allerdings gibt es in der Finanzdienstleistungsbranche auch kritische Stimmen bezüglich der Verbraucherschützer. Dies möchte ich Ihnen hiermit weitergeben.

- Verbraucherzentralen arbeiten nicht völlig uneigennützig. Sie erhalten zwar Fördermittel von der öffentlichen Hand und Spenden, jedoch verlangen sie auch Honorare für Beratungen vor Ort.

- Die Qualifikation dieser Berater ist gesetzlich nicht geregelt. Meine und die meiner Kollegen schon.
- Nicht alles, was sich Verbraucherberatung nennt, ist unabhängig. Es gibt im Internet Portale, die zwar Hilfestellungen zu Finanzfragen bieten, aber offenlegen, dass sie sich auch über Affiliate-Links und Lizenzgebühren von Gütesiegeln finanzieren. Am Ende eines Beratungsartikels werden dann empfohlene Anbieter genannt, wodurch das Medium eine Vergütung erhält. So ist der Weg zu einem simplen Vergleichsportal nicht weit.
- Auch Finanztest verlangt von den Unternehmen, die mit einem guten Testergebnis werben möchten, eine Lizenzgebühr. Das bedeutet, dass die Hersteller bezahlen müssen, wenn das Siegel in TV-Spots oder Broschüren auftaucht. Kritiker sehen hier die Gefahr, dass viele Unternehmen gute Bewertungen erhalten, um die eigenen Einnahmen zu steigern.

Kurz gesagt: Verbraucherschutz ist nicht so uneigennützig, wie es manchmal scheint.[4] Zwar haben Verbraucherzentralen eine Vermögensschadenhaftpflichtversicherung, die im Zweifelsfall Schäden durch offensichtliche Falschberatung abdeckt. Allerdings muss ein Kunde solche Falschberatung erst einmal erkennen und nachweisen. Dies fällt den meisten Kunden jedoch schwer, da sie bei den Verbraucherzentralen und Fachmedien einen Vertrauensvorschuss genießen. Im Falle einer fehlenden Sachkenntnis vermuten sie vielleicht eher einen Fehler bei sich selbst, anstatt eine bekannte Organisation infrage zu stellen.

---

4   Siehe dazu www.versicherungsbote.de/id/4873911/Verbraucherzentralen-fehlende-Sachkompetenz.

Daher mein Tipp: Seien Sie bei solchen Bewertungen immer aufmerksam. Lesen Sie Testberichte genau und informieren Sie sich darüber, wie die Tests durchgeführt wurden und welche Annahmen getroffen wurden. Diese sind in der Regel immer allgemein und nie spezifisch auf Ihre persönliche Situation gemünzt. Holen Sie sich eine zweite Meinung von einem unabhängigen Finanzberater mit nachgewiesener Sachkunde ein. Was die verschiedenen Zulassungen (§ 34 mit folgenden Buchstaben) bedeuten, können Sie hier nachlesen: www.vermittlerregister.info

2.7 Das Versicherungsvertragsgesetz: gut, aber eben nicht gut genug

2008 verabschiedete Deutschland eine Reform des Versicherungsvertragsgesetzes (VVG), die die Versicherungsvermittler- und Maklerbranche grundlegend veränderte. Vor allem in Bezug auf die Beratung der Kunden gab es zuvor kaum Regulierungen, was von einigen Vermittlern leider ausgenutzt wurde. Diese Vorfälle führten bedauerlicherweise zu einem schlechten Ruf der Branche, der bis heute nachwirkt. Zu dieser Zeit erlebte die private Krankenversicherung einen regelrechten Boom, und die Gesellschaften zahlten hohe Provisionen aus. Unredliche Vermittler wollten davon profitieren.

Eine wesentliche Änderung der VVG-Reform bestand darin, dass Vermittler die Kunden umfassend beraten müssen. Seriöse Vermittler haben das vorher schon gemacht. Die Notwendigkeit einer solchen Reform zeigt jedoch, dass es in der Branche teilweise anders ablief.

Das Gesetz verleiht den Kunden einen starken Hebel, um sich im Zweifelsfall auch zur Wehr zu setzen. Wenn Sie vor Gericht nachweisen können, dass die umfassende Beratung tatsächlich nicht erfolgte oder Ihnen vor Vertragsabschluss nicht alle relevanten

Bedingungen zum Versicherungsschutz vorgelegt wurden, haben Sie einen Anspruch auf Schadenersatz gegenüber dem Vermittler. So weit, so gut. Das könnte den Eindruck erwecken, dass die Kunden nun vor unlauteren Tricks geschützt sind. Denn das VVG kann auch abgekürzt werden. Das ermöglicht Vergleichsportalen, dass Nutzer dort gültige Verträge abschließen können, z. B. für Hausrat- oder Haftpflichtversicherungen. Die Abkürzung lautet „Beratungsverzicht". Dieser Verzicht muss schriftlich erklärt und dokumentiert werden und ist nur gültig, wenn deutlich auf die damit verbundenen Nachteile in Bezug auf Schadenersatzansprüche hingewiesen wird. Niemand kann also zur Beratung gezwungen werden.

Mein Tipp: Als Kunde sollten Sie einfach kritisch bleiben und nachfragen, warum gerade das vorgeschlagene Produkt das Beste für Sie ist. Denn wir Berater können da ganz handfeste Gründe haben. Zum Beispiel muss der preiswerteste Tarif oder die preiswerteste Versicherung nicht das beste Angebot sein. Was haben Sie davon, wenn Sie weniger Prämie zahlen, aber es bei dem Anbieter regelmäßig zu Problemen kommt, wenn ein Schaden zu regulieren ist? Solche Informationen wissen unabhängige Berater. Und bei uns bleibt Ihnen auch die Wahl zwischen mehreren Angeboten, die ein Vertreter nur einer Gesellschaft oder die Mitarbeiter einer Bank gar nicht haben.

3. Ihre persönlichen (Finanz-)Ziele im Leben

3.1 Unsere finanziellen Ziele und Bedürfnisse wandeln sich

Es klingt wie eine Binsenwahrheit, trotzdem muss dieser Satz am Anfang stehen: Unsere individuellen Bedürfnisse und Wünsche ändern sich im Laufe unseres Lebens. Die Europareise, die wir vielleicht als junge Menschen allein mit Rucksack, einem Bahnticket und viel Enthusiasmus unternommen haben, erscheint uns mit Ende 40 oder Anfang 50 dann doch zu beschwerlich. Oder würden Sie heute noch in das erste Auto steigen, das vielleicht gerade so durch den TÜV kam und mehr oder weniger durch Aufkleber auf der Karosserie zusammengehalten wurde? Vermutlich nicht.

Und so hat auch jede Lebensphase verschiedene Bedürfnisse und Schwerpunkte bei der Vermögensbildung und Vorsorge. Auf den folgenden Seiten finden Sie dazu einige Gedanken. Wo stehen Sie, welche Ziele haben Sie?

3.1.1 Karrierestart

Endlich ist es da! Das erste selbst verdiente Geld und damit die finanzielle Freiheit von den Eltern. Je nach Ausbildungsweg haben junge Menschen mehr oder weniger lange darauf gewartet. Die meisten von uns erinnern sich jedoch noch an die positiven Gefühle, als sie die erste Lohnabrechnung in den Händen hielten oder einen Blick auf den Kontoauszug warfen. Doch mit dem ersten Arbeitsplatz befinden wir uns nicht nur in einem völlig neuen Umfeld und müssen viele neue Eindrücke verarbeiten, sondern es ist auch der Beginn unserer finanziellen Verantwortung. Plötzlich müssen wir uns nicht nur fragen, wofür wir unser Geld ausgeben wollen. Es sind erste eigene Rechnungen zu bezahlen, und auch das Thema Versicherungen rückt in den Fokus. Wie hieß das Schulfach gleich nochmal, in dem wir auf diesen Moment vorbereitet wurden?

Nachdem die erste Euphorie verblasst ist, lautet mein persönlicher Rat an junge Menschen, sich erst einmal einen Überblick über ihre finanzielle Lage zu verschaffen. Es mag nicht sehr populär sein und gilt als ‚spießig‘, aber es ist nach wie vor eine gute Idee, in den ersten Monaten des Berufslebens die Ausgaben zu notieren. Ob klassisch mit einem Haushaltsbuch oder modern mit einer App, die Informationen sind ehrlich und gleichzeitig äußerst nützlich.

- Einerseits zeigt es, ob das Geld bei dem gewählten Lebensstil tatsächlich bis zum Monatsende ausreicht. Es ermöglicht es uns, schnell zu erkennen, welche Ausgaben möglicherweise reduziert werden sollten, und es verhindert, dass am Ende des Monats noch Geld übrig ist.
- Andererseits dient eine solche Auflistung als Grundlage für Gespräche mit einem Finanzberater und spart Zeit. Die Ermittlung des verfügbaren Geldbetrags gehört zu einem ersten Beratungsgespräch einfach dazu. Es hilft uns und den Kollegen nicht weiter, nur zu wissen, wie viel Netto ausgezahlt wird. Schließlich müssen die bereits eingegangenen finanziellen Verpflichtungen berücksichtigt werden.

Ein solcher finanzieller Überblick ist also nicht ‚spießig‘, sondern eine nützliche Grundlage, um die nächsten Schritte planvoll anzugehen.

Bevor jedoch das Vermögen aufgebaut oder vermehrt wird, sollte die Absicherung im Fokus stehen. In dieser Lebensphase ist es wichtig, Risiken anders zu bewerten oder sogar zu ignorieren. Der berühmte ‚jugendliche Leichtsinn‘ ist in finanziellen Angelegenheiten allerdings kein guter Ratgeber. Direkt nach dem Berufseinstieg sollten zwei Meilensteine verfolgt werden:

1. Die eigene Arbeitskraft muss abgesichert werden. Eine Berufsunfähigkeitsversicherung kann gar nicht früh genug

abgeschlossen werden. Die Beiträge sind gerade bei frühem Einstieg überschaubar, und der Nutzen im Falle einer Berufsunfähigkeit ist unbezahlbar.

2. Es sollte möglichst schnell ein kleines finanzielles Polster aufgebaut werden. Und wie schnell das gehen kann, verrät die zuvor erwähnte Übersicht der Ausgaben. Die Faustregel, wenigstens drei Monatsgehälter als ‚Notgroschen' zur Verfügung zu haben, kannten bereits unsere Eltern und sie gilt auch heute noch. Ob es nun eine kaputte Waschmaschine, eine dringende Reparatur am Auto oder andere unvorhergesehene Ausgaben sind, mit diesem finanziellen Polster lässt es sich einfach besser schlafen. Ich meine, dass die einzige Daseinsberechtigung eines Tagesgeldkontos genau darin besteht: als Depot für den ‚Notgroschen'. Doch dazu später mehr.

Sind diese beiden Meilensteine erreicht, ist es sinnvoll, sich intensiver mit dem Thema Vermögensaufbau zu beschäftigen. Wie bei allen Finanzprodukten und Entscheidungen gilt: Je früher damit begonnen wird, desto größer ist der Zinseszinseffekt am Ende.

Doch wie viel sollte man überhaupt investieren? Hier kommt ein zweiter, ebenfalls unpopulärer Ratschlag der Elterngeneration ins Spiel. Dies macht ihn jedoch nicht weniger sinnvoll. Das Einkommen kann gemäß der 50-30-20-Regel aufgeteilt werden. 50 Prozent des Einkommens können für regelmäßige Verpflichtungen verwendet werden, wie Miete und Lebenshaltungskosten. Natürlich muss dieser Wert nicht statisch sein. Wenn beispielsweise 55 Prozent des Einkommens für Miete und Lebenshaltung aufgewendet werden, ist das ebenfalls in Ordnung. Wenn jedoch 70 oder sogar 80 Prozent dafür draufgehen, ist das bereits eine Schieflage. Unverblümt formuliert: Die Person lebt dann über ihren Verhältnissen.

30 Prozent des Einkommens sollten für Dinge zur Verfügung stehen, die Spaß machen und das Leben verschönern. Was das genau ist,

bestimmt jeder für sich selbst: Reisen, Hobbys, Sport oder Ausgehen – all das, was über die reine Ernährung und das Dach über dem Kopf hinausgeht.

Damit bleiben 20 Prozent übrig. Und genau dieser Betrag sollte idealerweise (es darf natürlich auch mehr sein) zur Verfügung stehen, um ihn zu investieren. Laut Statista lag das durchschnittliche Nettoeinkommen der Deutschen im Jahr 2022 bei 2.500 Euro. Wenn also tatsächlich 20 Prozent davon pro Monat investiert würden, würde über die Zeit bis zum Erreichen des 40. Lebensjahres eine erhebliche Summe zusammenkommen, die auch durch den Zinseszins gewachsen ist und weiter wächst.

Diese kurze Zusammenfassung sollte niemanden unter Druck setzen. Schließlich lassen sich die 20 Prozent aufgrund verschiedener Lebensumstände nicht jeden Monat realisieren. Es können ja auch größere Ausgaben außerhalb der Reihe anfallen oder eine teure Urlaubsreise geplant werden. Dennoch sollten im Durchschnitt zwischen 200 und 250 Euro pro Monat für die Geldanlage zur Verfügung stehen (vorausgesetzt, das Nettogehalt entspricht der Statistik).

In was das Geld investiert wird, hängt wiederum von den individuellen Zielen, Wünschen und Träumen ab. Generell dürfen junge Menschen und Berufseinsteiger durchaus etwas volatiler investieren, *nicht zocken!* Der Deutsche neigt hier aber eher zu ‚polaren' Investitionen: Sparbücher oder Optionsscheine (nirgendwo auf der Welt gibt es mehr Optionsscheine). Ein gut gemanagter Aktienfonds mit fünf Prozent Ausgabeaufschlag und 1,5 Prozent TER (*Total Expense Ratio*) geht nicht pleite. 100 Prozent Verlust mit null Prozent Kosten sind jedoch nicht zielführend.

Auch wenn es 20-Jährigen schwerfällt, bereits darüber nachzudenken, das Thema „Altersvorsorge" kann in dieser Phase bereits angegangen werden. Schließlich gibt es staatlich geförderte Modelle oder Formen der betrieblichen Altersvorsorge (bAV), bei denen Prämien nicht einfach abgelehnt werden sollten, sondern zumindest eine Überlegung wert sind.

Monatliche Rate	Spardauer	Zinssatz	Endkapital
200,00 €	10 Jahre	6 %	32.662,01 €
200,00 €	20 Jahre	6 %	91.154,70 €
200,00 €	30 Jahre	6 %	195.906,19 €
200,00 €	40 Jahre	6 %	383.500,15 €

40 Jahre

30 Jahre

10 Jahre

383.500,15 €   195.906,19 €   32.662,01 €

Abb. 3: Zinseszinseffekt: Anlagesumme von 200 Euro monatlich, Laufzeit 40 Jahre (Quelle: eigene Darstellung)

3.1.2 Familiengründung

Ob mit oder ohne Trauschein: In der Regel finden Paare zueinander und tragen den Gedanken, gemeinsam durchs Leben zu gehen und ein Vermögen aufzubauen. Wenn man im Beruf Fuß gefasst hat, wächst das Vertrauen in die eigene Stärke, den nächsten Schritt zu gehen. Für viele Paare stellt sich dann auch die Frage nach eigenen Kindern. Der Zeitraum zwischen 30 und 50 Jahren bietet in der Regel Raum und finanzielle Mittel für größere Anschaffungen. Die größte Anschaffung ist oft die erste gemeinsame Immobilie. In dieser Zeit wächst der Schuldenberg zwar, aber dem stehen auch reale Vermögenswerte gegenüber.

Unabhängig von den möglichen steuerlichen Vorteilen einer Ehe steht in einer Partnerschaft eine größere Finanzkraft für Investitionen zur Verfügung. Mit einer passenden Anlagestrategie kann also einiges bewegt werden.

Trotz all der Romantik vergessen viele Paare leider, sich Gedanken darüber zu machen, was passieren kann, wenn die Beziehung doch nicht ein Leben lang hält.

Wenn Nachwuchs kommt, stellt sich natürlich auch die Frage, wie der Start ins spätere Leben gestaltet werden kann. Dieses Thema wird auch in einem eigenen Kapitel des Buches behandelt. Mit Kindern steigt jedoch grundsätzlich die Verantwortung. Daher ist es besonders wichtig, die Familie gegen finanzielle Schicksalsschläge abzusichern. Beide Partner sollten eine Risikolebensversicherung abschließen, nicht nur der Hauptverdiener.

Wenn einer der Partner weniger arbeitet oder in Vollzeit zu Hause bleibt, um sich in den ersten Jahren um die Kinder zu kümmern, leistet er oder sie eine unbezahlbare Arbeit. Im Falle des Todes des Hauptverdieners hilft eine Risikotodesfallabsicherung über einen bestimmten Zeitraum hinweg. Doch auch der Tod des Partners, der sich hauptsächlich um die Kinder kümmert, bringt große finanzielle Belastungen mit sich. Möglicherweise muss eine Vollzeitbetreuung für die Kinder oder den Haushalt organisiert werden, oder das berufliche Engagement muss vorübergehend reduziert werden. In solchen Fällen ist es ebenfalls gut, wenn Geld aus einer Todesfallabsicherung zur Verfügung steht.

Die Absicherung der Arbeitskraft gehört auf jeden Fall zu den wichtigsten Punkten auf der eigenen Agenda. Denn wenn in dieser Lebensphase, in der Kinder versorgt werden müssen und das Eigenheim zu bezahlen ist, das Einkommen plötzlich wegbricht, kann das zu echten Existenznöten führen.

Leider neigen viele Finanzratgeber und Informationsseiten im Internet zu pauschalen Aussagen. In der Regel werden Sie dort den Hinweis finden, dass es grundsätzlich besser ist, zuerst Schulden abzubauen, bevor man sich stärker dem Vermögensaufbau widmet. Grundsätzlich ist die Stoßrichtung nicht falsch. Bei genauer Betrachtung kann es jedoch genauso sinnvoll sein, ein Immobiliendarlehen vorerst nur minimalst zu bedienen, anstatt es frühzeitig zu tilgen, während gleichzeitig Geld in eine Anlage mit hoher Rendite investiert wird, mit der später das Darlehen abgelöst werden kann.

Im Sinne einer Erhöhung des freien Einkommens ist es jedoch tatsächlich sinnvoll, zuerst Verbindlichkeiten abzubauen, die keinem großen Sachwert gegenüberstehen. Eine auf Kredit gekaufte Stereoanlage hat später kaum einen Wiederverkaufswert (es sei denn, es handelt sich um eine besondere Marke mit Sammlerwert), aber ihre Rückzahlung kostet liquide Mittel. Daher ist es besser, sie zu tilgen.

Zu guter Letzt möchte ich noch einen weiteren Hinweis geben: Kinder verändern auch den beruflichen Lebensweg. Auszeiten für die Kindererziehung verringern nicht nur das Bruttoeinkommen. Wer kein Einkommen hat, zahlt auch nichts in die gesetzliche Rentenkasse ein oder kann nicht so viel Geld in die Altersvorsorge investieren. Die Versorgungslücke im Alter wächst. Da erfahrungsgemäß Frauen im Durchschnitt immer noch stärker betroffen sind, ist hier ein Finanzausgleich vom hauptverdienenden Partner – meist also immer noch der Mann – hin zur unterstützenden Partnerin (oder einem weniger verdienenden, unterstützenden Partner) mehr als fair. Hier muss bewusst gegengesteuert werden.

Die richtige Beratung als Helfer in der Not
Was Finanzberatung vermag, möchte ich Ihnen gern an einem kurzen Beispiel zeigen. Markus M. hatte sich vor einigen Jahren mit einem Handwerksbetrieb selbstständig gemacht. Die Geschäfte liefen gut und irgendwann tauchte dann auch die Frage auf, ob er

denn weiterhin für seine Betriebsstätte Miete zahlen sollte oder den nächsten Schritt geht, ein eigenes Gebäude zu bauen, das er dann später einmal vermieten kann und ein Teil seiner Altersversorgung ist.

Um die Jahreswende 2016/17 entschloss sich Herr M. zum Bau einer eigenen Halle. Leider noch ohne meine Begleitung. Das Projekt stand unter keinem guten Stern. Der Architekt hatte sich um 300.000 Euro ,verrechnet', diese mussten nachfinanziert werden. Die Finanzierung machte er bei seinem alten Sparkassenfreund, den er schließlich seit vielen Jahren kannte.

Hilfesuchend und ratlos wandte sich Herr M. an mich. Und mir war nach kurzer Zeit klar, dass ohne weitere Maßnahmen der Fall in einer Insolvenz enden würde. Seitdem begleite ich Markus M., und wir haben auch schon viel erreicht. Das Darlehen der Hausbank wurde mit anderen Konditionen geschlossen. Und entgegen der landläufigen Meinung, dass möglichst viel getilgt werden sollte, habe ich ganz bewusst einen anderen Plan vorgeschlagen. Dadurch, dass lediglich die Zinsen bedient wurden, hatte Markus M. genügend Freiraum, um 70.000 Euro an freiem Vermögen aufzubauen. Genug Geld, um die eine oder andere Umsatzlücke abzufedern. Die Insolvenz seines Lebenswerkes konnten wir bisher so verhindern. Und inzwischen gibt es auch viel Licht am Horizont. Wir suchen in Ruhe einen neuen Bankpartner, um das Ganze wieder auf ein solides Fundament zu stellen.

3.1.3 Auf dem Höhepunkt der beruflichen Laufbahn

Die stressigen Anfangsjahre Ihres Unternehmens oder Ihre Karriereerfolge als Angestellter liegen hinter Ihnen. Sie können einen festen Kundenstamm aufbauen, Ihr Unternehmen erwirtschaftet regelmäßige Gewinne und expandiert. Vielleicht sind Ihre Kinder bereits aus dem Gröbsten heraus und gehen zur Schule. Es ist die Zeit zwischen Mitte 30 und Mitte 40, in der die meisten von uns (fast) auf dem Höhepunkt ihrer Karriere stehen – unabhängig von individuellen beruflichen Zielen. Nun ist der perfekte Zeitpunkt gekommen, um die Früchte Ihrer Arbeit zu ernten.

In diesem Alter beginnen viele Menschen, sich intensiver mit ihren Finanzen auseinanderzusetzen. Das Bewusstsein, dass die staatliche Altersvorsorge nicht ausreichen wird, um ein angenehmes Leben im Alter zu führen, wird noch klarer. Der Wunsch nach Vermögensaufbau und dem Erwerb eines Eigenheims wird stärker. Jetzt ist die Zeit gekommen, um wirklich aus dem Vollen zu schöpfen und in Investitionen zu gehen. Immobiliendarlehen können selbst mit kleinen Tilgungsraten bis zum Ruhestand bezahlt und nicht zwingend zurückgezahlt werden. Zudem steht Ihnen noch der ein oder andere Börsenzyklus bevor, so auch unternehmerische Investments, ohne die Sorge, in Schwankungen Verluste realisieren zu müssen.

Diese Altersgruppe wird von Neo-Brokern und den Medien besonders im Bereich der Geldanlage umworben. Schließlich sind Sie mit dem Smartphone aufgewachsen, und es scheint leicht zu sein, ein kleines Vermögen aufzubauen, selbst ohne die Hilfe eines Finanzberaters. Ein paar Fingerbewegungen auf dem Bildschirm, und schon ist ein Trade oder Investmentplan abgeschlossen; das Gewissen beruhigt.

Dennoch habe ich in dieser Altersgruppe oft festgestellt, dass viele Menschen unsicher sind und Ratlosigkeit verspüren. Es gibt scheinbar unendlich viele Möglichkeiten, sein Geld anzulegen. Gleichzeitig wächst das Bewusstsein für die Verantwortung gegenüber der Familie oder den Angestellten, was zusätzliche Unsicherheit schafft. Der berühmte ‚jugendliche Leichtsinn' weicht langsam, und man beginnt, seine finanziellen Entscheidungen sorgfältiger abzuwägen. Vielleicht könnten Sie sich jetzt den schicken Sportwagen leisten, von dem Sie als Berufsanfänger geträumt haben, aber stattdessen entscheiden Sie sich für den Familienkombi.

Diese Ambivalenz spiegelt sich auch in den Investitionsentscheidungen wider. Viele meiner Klienten stehen zwischen dem

Wunsch nach Vermögensaufbau und dem Bedürfnis nach einer soliden Absicherung, vor allem für die Familie.

Nun spricht man in Unternehmen ja besser nicht über das eigene Gehalt, um sich im Zweifel nicht in die berühmten Nesseln zu setzen. Aber das Interesse ist natürlich trotzdem da, wie das eigene Vermögen im Vergleich zur Altersgruppe so abschneidet. Tatsächlich hat das Institut der Deutschen Wirtschaft einmal eine Erhebung zu diesem Thema durchgeführt.[5] Solche Vergleiche sind natürlich immer mit einer gewissen Vorsicht zu genießen. Aber als Anhaltspunkt seien sie dennoch hier genannt:

Demnach sieht es so aus:

Altersgruppe	Durchschnittsvermögen	Top 10 Prozent
35 bis 39	45.800 Euro	312.900 Euro
40 bis 44	87.200 Euro	438.900 Euro
45 bis 49	105.000 Euro	519.000 Euro

Bevor Sie jetzt jedoch hektisch Ihre Kontoauszüge zusammenfassen, ist es wichtig zu wissen, dass die genannten Werte das Nettovermögen repräsentieren. Sie umfassen nicht nur liquide Mittel auf Giro- und Sparkonten, sondern auch Depots, den Zeitwert von Versicherungen und Immobilienbesitz. Alle Verbindlichkeiten, einschließlich Darlehen und Kredite, sind dabei berücksichtigt. Ein Blatt Papier und Stift genügt. Los geht es, Sie sind 46 Jahre und haben alles in allem 90.000 Euro? Dann sind Sie im Durchschnitt, aber da geht noch mehr!

Falls Ihre Werte deutlich nach unten abweichen, empfehle ich Ihnen dringend, einen Finanzberater aufzusuchen. Möglicherweise haben Sie bisher Investitionen vernachlässigt oder sich in un-

---

5   Vgl.www.iwkoeln.de/presse/pressemitteilungen/judith-niehues-maximilian-stockhausen-wer-in-deutschland-vermoegend-ist.html.

geeignete Anlagen begeben. Andererseits, wenn Ihre Werte den oberen Bereich deutlich überschreiten, könnte es sich lohnen, sich kennenzulernen. In einer solchen Situation wird Steueroptimierung interessanter, und Sie haben ein erhebliches Potenzial, um Erträge zu steigern. Ein bekannter Unternehmensberater sagte mir einmal: „Mein Finanzberater sollte sich mit mir auf Augenhöhe unterhalten können." Mit anderen Worten, wenn Sie 200.000 Euro im Jahr verdienen und 500.000 Euro Vermögen haben, dann suchen Sie einen Berater mit ähnlichen Einkommenswerten. Wie? Fragen Sie ihn!

In Ihrem Alter sollten Sie sich auf jeden Fall um folgende Themen kümmern:

- Die Absicherung Ihrer Arbeitskraft
- Die Planung der Altersvorsorge und das Schließen der Versorgungslücke, insbesondere für Frauen, die aufgrund der Kindererziehung beruflich kürzergetreten sind oder längere Auszeiten genommen haben. Diese Lücken müssen später aufgefüllt werden.
- Die Konkretisierung Ihrer Immobilienwünsche. Es ist auch im höheren Alter möglich, eine Immobilie zu erwerben. Beachten Sie jedoch, dass höhere monatliche Raten und Tilgungssätze erforderlich sein können, um die Verbindlichkeiten rechtzeitig zu reduzieren, ich meine absichtlich nicht ‚abzuzahlen'. Es wäre einfacher, wenn Sie sich bereits jetzt für ein Vorhaben entscheiden könnten bzw. mit einer geschickten Strategie die Darlehen von übermorgen heute schon ‚tilgen'.

Und noch einmal ein Wort an die Leserinnen. Ein Zinsportal hat eine interessante Studie veröffentlicht:

- Demnach müssen Frauen generell früher beginnen, für ihre finanzielle Absicherung im Alter vorzusorgen, da sie eine höhere Lebenserwartung haben und leider immer noch im Durchschnitt weniger als Männer verdienen.

- Außerdem müssen Frauen bereits in jungen Jahren im Durchschnitt ein Drittel mehr sparen als Männer, um ihre Versorgungslücke zu schließen.[6]

Fangen Sie also am besten jetzt damit an!

Heidrun – oder: Wenn eine Ehe in Trümmern liegt
Viele meiner Kundinnen und Kunden begleite ich bereits seit einigen Jahren. Dazu gehört auch Heidrun S., die ich erstmals gar nicht aus beruflichem Anlass getroffen hatte. Heidrun war damals glücklich verheiratet. Und bei den Finanzen gab es das, auch heute leider noch viel zu oft anzutreffende, Rollenmodell: „Finanzen, darum kümmert sich mein Mann."
Doch bedauerlicherweise hielt die Ehe nicht. Und Heidrun S. war plötzlich gezwungen, sich um ihre Finanzen zu kümmern. Das war angesichts eines zunächst doch überschaubaren Einkommens nicht einfach. Dann erbte Heidrun S. von ihrem Vater eine Eigentumswohnung. Eine zweischneidige Sache. Einerseits die Chance, durch die regelmäßigen Mieteinnahmen ein zusätzliches, passives Einkommen zu erzielen. Andererseits gab es auch finanzielle Probleme durch Reparaturen am Haus und der Wohnung sowie dem Risiko nicht zahlender Mieter.
Für Heidrun S. stand aber auch fest, dass sie in der bisher mit ihrem Mann bewohnten Wohnung bleiben wollte. Also musste in dieser angespannten Situation auch noch ein Weg gefunden werden, ihn auszuzahlen. Und dann gab es ja auch noch eine Tochter, die mit zunehmendem Alter verständlicherweise auch höhere Ansprüche an die Unterstützung durch die Eltern stellte.

---

6   Vgl. www.businessinsider.de/wirtschaft/finanzen/altersvorsorge-frauen-muessen-frueher-mehr-geld-sparen-als-maenner-r14.

Ohne zu sehr in die Details gehen zu wollen. Heidrun S. ist ein Beispiel dafür, was eine umfassende und langfristige Finanzberatung vermag. Gemeinsam konnten wir die Wohnungsfinanzierung (ein aufgenommenes Darlehen, um ihren Exmann auszuzahlen) günstiger gestalten. Wir haben eine Anlagestrategie entwickelt, um Heidrun S. ein passives Einkommen zu ermöglichen, und letztlich auch alle Verbindlichkeiten zurückgeführt.

Heute steuert sie langsam auf die 60 zu, und das mit einem soliden finanziellen Polster für den Ruhestand.

3.1.4 50+: Jetzt bleibt nicht mehr viel Zeit zur Vermögenssteigerung

Obwohl man mit 50 Jahren meist noch jung, leistungsstark und vital ist, sollte man sich dennoch bewusst sein, dass die Zeit knapp wird, um das Vermögen zu steigern oder größere finanzielle Wünsche zu erfüllen. Die Finanzmärkte agieren in Echtzeit und basieren nicht auf Gefühlen.

Für Angestellte, die das Thema Altersvorsorge bisher vernachlässigt haben, ist jetzt ein hoher Einsatz erforderlich, um in diesem Bereich aufzuholen. Finanzberater können hier wertvolle Instrumente bieten. Ähnlich wie im Gesundheitswesen kann ein Arzt nur die aktuellen Auswirkungen eines langjährig ungesunden Lebensstils feststellen, aber den Schaden nur begrenzt heilen. Ein Finanzberater kann jedoch Tipps geben, um die finanzielle Situation zu verbessern.

In dieser Altersgruppe gibt es oft viel Potenzial. Veraltete Versicherungen oder zu teure Tarife, langjährige Sparpläne und Anlageformen, die nicht genug Ertrag bringen. Es gibt viele Möglichkeiten, um sein Erspartes besser anzulegen.

Leider nutzen Selbstständige und Unternehmensinhaber oft nicht einmal im Ansatz Möglichkeiten zur Optimierung von Steuern und Ausgaben. Viele meiner Klienten sind überrascht, wenn wir am Ende einer Finanzanalyse potenziell verfügbares Kapital für Investitionen entdecken und im Rahmen eines individuellen Finanzkonzepts anlegen und teilweise mehrere Hunderttausend Euro an finanziellen Vorteilen heben.

Das Problem dieser Generation liegt meiner Ansicht nach nicht so sehr in den vorhandenen finanziellen Möglichkeiten, sondern eher in einer Verunsicherung. Das offizielle Rentenalter mag näher rücken, aber das bedeutet ja nicht, dass alle Geldanlagen genau zu diesem bestimmten Datum zur Verfügung stehen müssen, oder? Der Markt kennt inzwischen viele Anlageprodukte mit flexiblen Laufzeiten. Und bei einer Finanzplanung mit einem Profi werden Kombinationen gefunden, deren Auszahlungspunkte und Laufzeiten miteinander verschachtelt sind.

Erzielt man mit Aktien über längere Zeiträume die besten Renditen? Bei einem Blick auf historische Kurse der letzten 100 Jahre sieht man jedoch auch deutliche Rückgänge und Krisen, die jedoch innerhalb weniger Jahre überwunden wurden. Als Faustregel kann man sagen, dass ein Zeitraum von zehn Jahren das Kapital unbeschadet übersteht. Ein 50-Jähriger kann also, bei entsprechender Lebenserwartung, noch etwa drei solcher Zeiträume erleben und sein Geld vermehren.

Mit einer hohen Spar- oder Investitionsrate und renditestarken Anlageformen kann man noch viel erreichen. Die Sorge, dass man ‚nichts mehr bewirken' kann, ist also unbegründet. Allerdings darf diese Sorge nicht in Gier umschlagen. Gerade in dieser Altersgruppe sollten Chancen und Risiken einer Anlagestrategie sorgfältig abgewogen werden.

Auch lang ersehnte Wünsche wie ein Ferienhaus oder das erste eigene Haus lassen sich in diesem Alter leichter finanzieren. Es kommt jedoch darauf an, eine clevere Herangehensweise zu finden, sodass die Darlehen bis zum voraussichtlichen Ende des Arbeitslebens in erheblichem Maß zurückgezahlt sind.

Eine Finanzanalyse sollte auch prüfen, ob es staatliche Zulagen und Förderungen für Investitionen gibt. Man denkt vielleicht an staatliche Zulagen für Sparpläne oder spezielle Altersvorsorge-produkte, aber der Staat bietet auch andere Fördermöglichkeiten, die im Rahmen eines Konzepts nützlich sein können. Wenn beispielsweise die großzügige Eigenproduktion von Strom beim Hausbau eingeplant wird, wird nicht nur die Anschaffung der Anlage staatlich gefördert, sondern auch die Einnahmen aus dem Stromverkauf können zur Deckung der Darlehensraten beitragen, und eine vorübergehende Vermietung der Immobilie kann die Kreditrückzahlung unterstützen.

Die einzige Sache, die Sie jetzt nicht mehr tun dürfen, ist länger zu warten. Auch wenn Sie sich jung und fit fühlen, die Zeit für Geldanlagen vergeht langsam.

Jetzt aber los, Jochen! – Wenn die Zeit knapper wird
Jochen gehört zu den Spätzündern beim Finanzmanagement. Mit knapp 59 Jahren kam er zu unserem ersten Beratungstermin und meinte, er müsse sich doch jetzt mal langsam um seinen Ruhestand kümmern. Möglicherweise hat diese Lässigkeit auch mit seinem Vater zu tun. Denn mit seinen 86 Jahren erfreute sich dieser bei glasklarem Verstand einer guten Gesundheit. Aber zu Jochens Plänen: Er wollte so mit 63 Jahren in den Ruhestand gehen und an seinem Lebensstil sollte sich am besten nichts ändern. Also das gleiche Nettoeinkommen, Urlaube, sein teures Hobby Motorrad beibehalten.

Das nenne ich doch mal eine Herausforderung. Ach, ja. Und dann fiel Jochen ja auch noch ein, dass sein Vater doch einige Vermögenswerte angehäuft habe. Da stelle sich schon die Frage, wie man hier Erbschaftssteuer minimieren könnte. Denn Jochen würde der Alleinerbe werden – so viel war schon klar.

Jochen hatte sich schon mal an seinen Steuerberater gewendet. Und der packte das übliche Instrumentarium aus. Nießbrauchrecht und Schenkungen. Doch auch wenn der Höchstbetrag der Schenkungen ausgeschöpft würde, bliebe da immer noch reichlich

Vermögen übrig, auf das Abgaben zu zahlen wäre. Und trotz aller guten Gene: Dass es noch einmal zu einer weiteren Schenkungs-runde (zehn Jahre Frist, dann wieder zehn Jahre usw.) kommen würde, erschien eher unwahrscheinlich. Sein Vater wäre mit Ablauf der Zehnjahresfrist immerhin 96 Jahre alt.

Aber: Jochens Vater besitzt eben diese guten Gene – und zählt mit seinen 86 derzeit zu meinen sprichwörtlich ältesten Kunden. Das bot uns auch reichlich Spielraum, um die Finanzen von Vater und Sohn zu optimieren.

Mit den Werkzeugen eines Finanzberaters können Erbschafts-steuern schon einmal deutlich reduziert werden. Ein kleiner An-satz: Bei gewerblichen Vermögen gibt es weitere Freibeträge. Eine Fotovoltaikanlage kann ein solcher Gewerbebetrieb sein (nicht Ihre Dachanlage). In diesem Fall erwirtschaftete sie dann im Einsatz nicht nur eine monatliche Rendite, die das Einkommen von Jo-chens Vater verbesserte. Sie schuf auch mit den Freibeträgen eine Option, Jochen dieses Vermögen zu schenken – ohne Steuern dar-auf zahlen zu müssen. Über die Nutzung eines Teils des Vermögens als Gewerbe haben wir also schon einmal kräftig Steuern gespart. Und genau solche Konstruktionen kann ein Steuerberater eben nicht so ohne Weiteres bieten, auch wenn er sie denn kennt, er darf diese nicht beraten!

Dieser Lösungsansatz ist jedoch nur ein Teil seiner Gesamtstrategie. Ich verfolge seit vielen Jahren die Core-Satellite-Strategie, auf Deutsch Kern- und Satellitenstrategie. Eine Direktinvestition in Fotovoltaik war in diesem Fall auch ‚nur' ein Satellit. Es gab und gibt bei Jochen weitere Satelliten und zwei massive Kern-investitionen. Dazu später mehr.

Kurzum: Jochen kam zwar spät, aber nicht zu spät. Wobei ich persönlich ja Herausforderungen sehr mag. Aber ein bisschen frü-her hätte ihm das Thema Ruhestand schon einfallen dürfen.

3.1.5 Best Ager: Vermögen und Finanzen ordnen

Wenn das Ende der Regelarbeitszeit näher rückt, steht bei den meisten Menschen der Gedanke im Vordergrund, sich auf die Früchte ihrer Arbeit zu konzentrieren. In meiner Beratung höre ich dann häufig den Satz, ob sich diese Anlage „überhaupt noch lohne". Doch im Kern geht es nicht um das Lebensalter, sondern eher darum, welches Vermögen vorhanden ist. Wenn auch eine Durststrecke oder ein Tal bei einer Anlage durchschritten werden kann, ohne den Alltag zu belasten, spricht nichts dagegen, einen Teil des Geldes in eine Strategie zu investieren, die hohe Renditen verspricht. Es dürfen nur nicht alle Äpfel im selben Korb landen.

Eltern, die sich dazu entschließen, ihr Vermögen nicht aufzubrauchen (ja, solche Fälle gibt es auch), sollten über die Übertragung des Vermögens auf die nächste Generation nachdenken und dabei darauf achten, die steuerliche Belastung der Erben zu begrenzen. So bedeutsam der Gedanke auch sein mag, Steuern zu sparen – er macht aber nur einen Teil einer solchen Vermögensübertragung aus.

Je nach Höhe des Vermögens kann es sinnvoll sein, schon frühzeitig Teile davon zu verschenken. Um jedoch Schenkungssteuer zu vermeiden, müssen nicht nur bestimmte Freibeträge beachtet, sondern auch zeitliche Fristen eingehalten werden. So kann der Freibetrag alle zehn Jahre voll ausgeschöpft werden. Eine rechtzeitige Planung spart also bares Geld.

In dieser Lebensphase gibt es keinen einheitlichen Weg. Es gibt unzählige Möglichkeiten, wie die Nachfolge und die Übertragung von Vermögenswerten geregelt werden können. Das Internet und die Fachwelt sind voll von Lösungsmodellen wie Stiftungen, Genossenschaften, GmbHs, Nießbrauch und noch mehr. Ein befreundeter Notar sagte einmal zu mir, dass jemand, der seine Kinder unglücklich machen möchte, sein Vermögen zu gleichen Teilen an eine Erbengemeinschaft vererbt. In solchen Fällen sind Streitigkeiten oft vorprogrammiert, da die gleichberechtigten Mitglieder der

Gemeinschaft sich über die Verwendung der Vermögenswerte einigen müssen. Selbst das (v)ererbte frühere Elternhaus kann zu juristischen Konflikten führen. Am Ende bleibt dann oft nur der (nachteilige) Verkauf und die Verteilung, was kaum im Sinne der Elterngeneration gewesen sein dürfte.

Es gibt vier Bereiche, um die Sie sich jetzt kümmern sollten:

- Schaffen Sie rechtliche Sicherheit für das Alter, einschließlich einer Vorsorgevollmacht und Betreuungsverfügung.
- Sorgen Sie für medizinische Sicherheit durch eine Patientenverfügung.
- Schaffen Sie rechtliche Sicherheit im Todesfall durch ein Testament.
- Klären Sie Ihre Finanzen für den Ruhestand. Das beinhaltet regelmäßige Auszahlungs- und Entnahmepläne aus Ihrem angesparten Vermögen sowie Strategien, um liquide Mittel aus Ihren Sachwerten zu generieren. Dabei ist es wichtig sicherzustellen, dass Ihnen das Geld während des hoffentlich langen und entspannten Ruhestands zur Verfügung steht und der Staat nicht übermäßig daran beteiligt wird. Im Alter gibt es schließlich nichts zu verschenken.

Ich rate Ihnen dringend davon ab, überhastete Entscheidungen zu treffen. Es mag verlockend sein, beispielsweise einen Vertrag mit einem Anbieter abzuschließen, der Ihnen erlaubt, einen Teil Ihrer Immobilie zu behalten, während Sie darin wohnen bleiben. Dennoch sollten Sie die finanziellen Belastungen und möglichen Risiken sorgfältig abwägen.

Diese umfangreichen Aufgaben und Maßnahmen werden oft als Ruhestandsberatung zusammengefasst. Bei dieser umfangreichen Planung geht es um die Weitergabe von Vermögen, Auszahlungspläne für regelmäßige Zahlungen, Anlagestrategien, aber auch um viele steuerliche und rechtliche Aspekte. Hier sollte durchaus eine

Überlegung sein, einen unabhängigen Finanzberater die Führungsrolle übernehmen zu lassen, da er den Überblick über die gesamte finanzielle Situation hat. Er wird dann Notare, Anwälte und Steuerberater hinzuziehen.

Mit fast 50 noch zu Immobilienvermögen?

Bernd und Sandra sind das, was so gemeinhin als gut situiertes Paar beschrieben wird. Beide angestellte Mediziner und mit ihren vier Kindern zur Miete wohnend. Doch so kurz vor dem 45. Geburtstag, als ich beide kennenlernte, war der Wunsch bei ihnen erwachsen, ein Haus zu kaufen. Genau genommen steckten beide schon mittendrin in der Suche.

Die gestaltete sich etwas schwieriger. Einerseits wurden die beiden sich doch nicht schnell einig, wie das neue Heim auszusehen hatte. Auch beruflich gab es noch Optionen, die Region zu verlassen, und so zog sich die Entscheidung hin. Zum anderen wurde ihnen aber auch klar, dass sie trotz ihres ausgezeichneten (!) Einkommens von den Banken nicht gerade als Glückstreffer (die Immobiliarkredit-Richtlinie wurde gerade in Kraft gesetzt und seitdem müssen Kreditgeber prüfen, ob eine Finanzierung unter gestressten Bedingungen im Rentenalter finanzierbar ist. Vom Gesetzgeber vielleicht gut gemeint, aber meines Erachtens völlig überreguliert) gesehen wurden. Denn die Zeit wurde langsam etwas knapp, das Darlehen einer selbst genutzten Immobilie bis zum Eintritt des Rentenalters zurückzuführen.

Aber Kreativität führt dann doch zum Ziel: Wir haben für die beiden eine vermietete denkmalgeschützte Immobilie (Eigentumswohnung) gefunden. Die sind steuerlich begünstigt und für Sanierung und Renovierung gibt es Fördermittel. Die Wohnung war vermietet und trug neben Investitionen im Sachwertbereich dazu bei, das Darlehen zu finanzieren, und die resultierenden Steuererleichterungen erhöhten das Eigenkapital.

Trotzdem waren die beiden noch immer auf der Suche nach einem Haus. Indes erwies es sich weiter als schwierig, etwas Passendes für die Familie zu finden, und die Jahre zogen ins Land. Kurzum: Wir kauften noch eine weitere Immobilie. Allerdings diesmal nicht denkmalgeschützt, sondern als Bestandsobjekt. Und dann bewegte sich doch etwas. Ein Glücksfall aus Sicht der Familie – wenn auch zu einem etwas weniger glücklichen Zeitpunkt. Denn gerade als die Zinsen für Darlehen wieder stiegen, entschied sich der Vermieter, der Familie das bereits von ihr über Jahre gemietete Haus nun zum Kauf anzubieten. Vielleicht war die Suche nach einem eigenen Haus auch deshalb so langwierig, weil die beiden gar nicht umziehen wollten. Der Vermieter verlangt indes auch einen stolzen Preis, den das Paar aber zahlen wollte. Klar war aber auch, das würde auf schwierige Diskussionen mit der Bank hinauslaufen.

Aus Sicht der Bank blieben gerade mal 15 Jahre Zeit, um das Darlehen vor Rentenbeginn zurückzuführen. Allerdings konnte das entwickelte Konzept mit den beiden bereits existierenden Immobilien dann doch überzeugen. Der Plan war, aus dem Verkauf eines in zehn Jahren vom Mieter entschuldeten Objekts den Großteil des nun noch benötigten Darlehens für das Haus zu tilgen und somit pünktlich zum Renteneintritt schuldenfrei zu werden.

Ja, es war kompliziert und eine Herausforderung. Und eine solche verschachtelte Finanzierung hätte der Familie weder eine Bank noch ein Finanzportal so erstellen können. Die Mühe hat sich aber gelohnt, denn ich bin sicher, dass die beiden noch vor dem Ruhestand alle Darlehen und Verbindlichkeiten zurückgeführt haben werden.

3.2 Konkrete Vorhaben realisieren

Dem Thema Finanzen, Vermögen und Vorsorge können Sie sich auf zwei Arten nähern. Zum einen über die verschiedenen

Lebensphasen, die wir durchlaufen (so, wie auf den voran-gegangenen Seiten), aber auch anhand von konkreten Vorhaben, Zielen und Wünschen. Und um diesen Ansatz geht es auf den nächsten Seiten, wobei ich Sie in meine Beratungen mitnehme.

3.2.1 Vermögen aufbauen

Bekanntlich ist nicht nur ein reines Gewissen ein gutes Ruhekissen, Sie schlafen auch dauerhaft besser, wenn Sie wissen, dass beruf-liche oder gesundheitliche Rückschläge Sie finanziell nicht gleich aus der Bahn werfen werden. Voraussetzung dafür ist indes, ein Vermögen in der Hinterhand zu haben. Denn, so lautet meine Regel: „Eigenes Vermögen zahlt immer und kennt kein Kleingedrucktes, das Sie im Krankheitsfall hinhängt."

Für kurzfristige Bedarfssituationen sollten Sie als Teil Ihres Ver-mögens rund drei Monatsgehälter auf einem Konto haben, auf das Sie kurzfristig zugreifen können.

Kleiner Tipp: Bei kurzfristigen Situationen denken viele meiner Kunden und Kundinnen naturgemäß erst einmal an größere Reparaturen oder Anschaffungen – also eigentlich vorausseh-bare, wenn teilweise auch überraschend erforderliche Aus-gaben. Das liegt nahe. Aber kurzfristig kann sich auch Bedarf einstellen, wenn Sie aufgrund einer Sportverletzung, eines Un-falls oder einer Erkrankung für ein paar Tage oder Wochen ins Krankenhaus müssen. Nun hilft aber Ihrem Lebenspartner das Geld auf dem Konto wenig, wenn Sie im Krankenbett liegen und allein verfügungsberechtigt sind. Sorgen Sie also für eine ent-sprechende Kontovollmacht! Diese lässt sich auch so abfassen, dass die eingetragene Person nur dann auf das Geld zugreifen kann, wenn es besondere Umstände erfordern.

Aber wie geht das nun? Ein Vermögen aufbauen? Dazu sehen wir uns einmal folgende Blaupause, das Core-Satellite-System, an:

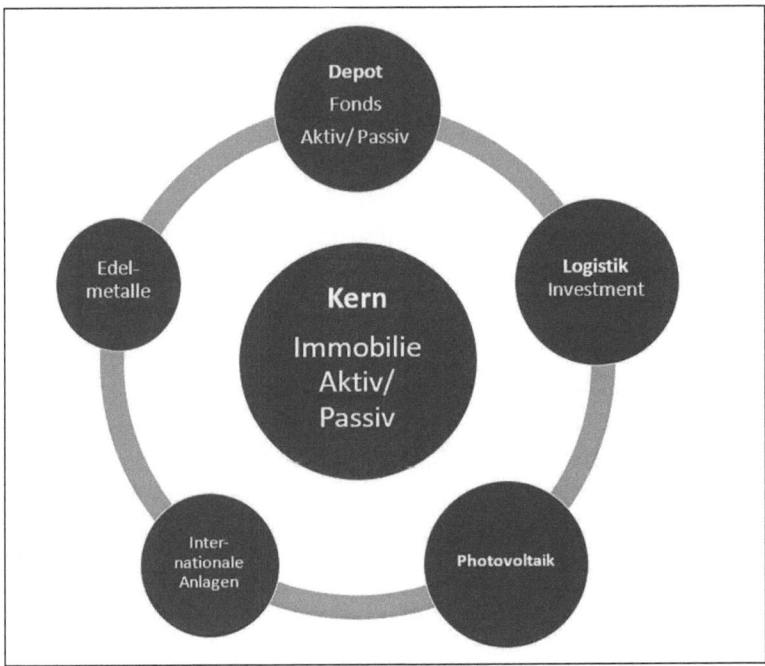

Abb. 4: Beispiel für das Core-Satellite-System
Quelle: eigene Darstellung

Die grundsätzliche Idee hinter dem CSS ist: Wir wählen unterschiedliche Anlageklassen mit unterschiedlichen Merkmalen (Laufzeit, Ertrag, Verzinsung, Rendite, Kapitalbindung, mit und ohne Leverage usw.). Derart korrelieren die Ergebnisse aufgrund von bestimmten Ereignissen nicht miteinander. Konkret, eine negative Börsenentwicklung (Folge: Aktienfondsentwicklung im Minus) hat keinen Einfluss auf Mieteinnahmen Ihrer vermieteten Wohnung oder die Sonneneinstrahlung auf Ihre Fotovoltaikanlage. Der große Vorteil des CSS liegt in der Risikostreuung: Die Volatilität der einzelnen Anlageformen wird durch die Mischkalkulation abgefedert und ausgeglichen.

Wenn Sie sich jetzt fragen, warum Ihre Bank Ihnen eine solche individuelle Anlagemischung nicht anbietet, liegt das nicht etwa an Ihrem mangelnden Vermögen. Sondern daran, dass die Banken schlicht einige Assets gar nicht anbieten können, sondern fast ausschließlich Lösungen aus dem Wertpapierbereich.

Einzelheiten zu verschiedenen Instrumenten für den Aufbau eines Vermögens lesen Sie in Kapitel „5 – Vermögensaufbau".

3.2.2 Risiken absichern

Zur Ordnung der persönlichen Finanzen gehört auch das Thema der Risikovorsorge. Noch dazu, wenn Sie als Hauptverdiener für eine Familie sorgen wollen. Aber auch Alleinstehende müssen sich um das Thema kümmern. Denn nicht nur Selbstständige leben von ihrer Arbeitskraft und Gesundheit.

Das sind auch die Topprioritäten bei der Vorsorge, unabhängig vom jeweiligen Alter. Investieren Sie klug in Ihren Gesundheitsschutz und nutzen Sie etwa die Möglichkeiten, sich individuelle Leistungen entweder als Vollversicherung – bei der privaten Krankenversicherung (PKV) – oder als Zusatzversicherung – für GKV-Versicherte – zusammenzustellen.

Außerdem bietet der Vorsorgemarkt mit einer Berufsunfähigkeits-, Dread-Disease-, diversen Todesfallversicherungen und ähnlichen Policen gute Möglichkeiten, für den Fall vorzusorgen, dass Sie dauerhaft nicht mehr Ihrem Beruf nachgehen können.

Der schlimmste Schicksalsschlag, der die finanzielle Zukunft einer Familie bedrohen kann, ist der Tod der Hauptverdienerin oder des Hauptverdieners. Eine Todesfallabsicherung ist in dieser Situation ein Muss. Daneben gibt es natürlich noch eine ganze Reihe von Risiken, gegen die Sie sich mit einer Versicherung wappnen können oder deren Folge eine Versicherung abfedert.

Die Vorsorge hat aber auch direkte Berührungspunkte mit dem Thema des Vermögensaufbaus. Denn wer seine Tarife und Policen clever wählt und immer wieder auf den Prüfstand stellt, kann viel Geld sparen. Mittel, die sich dann klug investieren lassen.

Mehr dazu lesen Sie im Kapitel „6 – Welche Versicherungen sinnvoll sind".

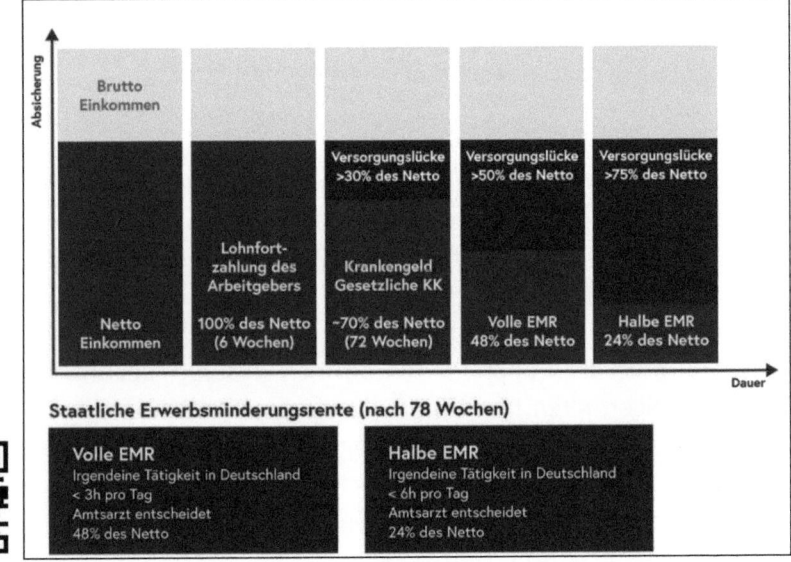

Abb. 5: Berufsunfähigkeit – staatliche Leistungen und Lücke zum Lebensstandard (Quelle: eigene Abbildung)

3.2.3 Zukunft der Kinder sichern

Für Eltern steht das Projekt „Finanzielle Zukunft der Kinder sichern!" auf jeden Fall auf der Agenda. Indes ist das nach meiner Erfahrung auch ein sehr emotionales Thema. Auf der einen Seite gibt es einen juristischen Rahmen. Der Gesetzgeber schreibt vor, dass Eltern ihre Kinder unterhalten müssen. Und dass Kinder auch einen gesetzlichen Anspruch darauf haben, diese Unterstützung zu erhalten, bis sie eine Ausbildung abgeschlossen haben.

Die berüchtigte „Düsseldorfer Tabelle" legt auch nach Einkommens-
klassen, Altersgruppen und Zahl der Kinder einen Richtwert fest, wie
hoch dieser Anspruch denn ist. Die Werte, die darinstehen, haben indes, wie auch bei vielen staatlichen Transferleistungen, wenig mit der
Lebensrealität zu tun. Denn die genannten Beträge erlauben die Be-
wältigung des Alltags eigentlich nur bei einer Unterbringung in einem
Studentenwohnheim. Eine Wohnung lässt sich damit in Universitäts-
städten gar nicht bezahlen.
Emotional wird das Thema nun, weil das Verhältnis zu den eigenen
Kindern ja nicht allein eine Frage der juristischen Beziehung ist.
Und während die einen ihrem Nachwuchs auch während der Ausbildung an einem anderen Ort den gleichen Komfort und Lebensstil wie zu Hause bieten wollen, stehen die anderen auf dem Standpunkt, dass sie lediglich das zahlen, was gesetzlich vorgeschrieben
ist, und verweisen dann auf Nebenverdienste. Hier sitzen Finanzberater gern auch mal zwischen allen Stühlen. Denn die Frage ist
dann ja auch immer, wie gut denn der berühmte ‚Start ins Leben'
ausgestattet sein soll.
Grundsätzlich machen Eltern aber nichts falsch, den Aspekt des
späteren Unterhalts am besten schon mit der Geburt des Kindes zu
berücksichtigen. 1.000 Euro pro Monat nach heutiger Kaufkraft für
die Dauer der Ausbildung dürften zumindest ein gutes Polster sein.
Somit reden wir dann aber auch bei einer Regelstudienzeit von
neun Semestern (wenn die Kinder denn studieren) von immerhin
fast 60.000 Euro ohne Inflationsverlust, die dann zur Verfügung stehen müssen. Das erfordert dann schon planvolle Maßnahmen zum
Aufbau dieses Vermögens.

Spardauer	Zinssatz	monatliche Rate	Endkapital
18 Jahre	6 %	156,69 €	60.000 €
15 Jahre	6 %	208,05 €	60.000 €
10 Jahre	6 %	367,40 €	60.000 €
5 Jahre	6 %	859,06 €	60.000 €

Abb. 6: Beispiel: Monatliche Sparrate zur Erzielung eines Endkapitals von 60.000 Euro (Quelle: eigene Abbildung)

Zum Thema Kinder und etwa der Frage, ob Ausbildungsversicherungen sinnvoll sind, lesen Sie im Kapitel „7 – Kinder sind teuer" noch mehr.

3.2.4 Wohneigentum erwerben

Anfang der 1970er-Jahre produzierte der NDR mit „Einmal im Leben – Geschichte eines Eigenheims" unter der Regie von Dieter Wedel einen regelrechten Straßenfeger. Der Angestellte Bruno Semmeling baut darin ein Haus und gerät in ein Netz von Banken, Bausparkassen, korrupten Bauunternehmern und Maklern. Unter Mithilfe des bemühten Angestellten einer Bausparkasse liegt dann eine Finanzierungslösung vor. „Trudchen, warum kann ich mir die Summe denn nicht auf einmal bei der Bank leihen? Und wieso spare ich zweimal Steuern?" Ratlos blickt Semmeling auf das Zahlenwerk, das er beim Besuch der Bausparkasse noch zu verstehen meinte.

Der mehr oder weniger gut gealterte Fernsehklassiker enthält eine Reihe von auch heute noch gültigen Wahrheiten und Fakten. So wird der Kaufpreis der meisten Immobilien auch heute noch durch Finanzierungslösungen aufgebracht. Es gibt also nicht das eine Darlehen und nur die eine Bank, die das Geld beisteuert. Und nicht jeder, der ein Haus baut oder kauft, versteht seine Finanzierung in allen Einzelheiten.

Auch der Titel des Fernsehfilms ist nach wie vor gut gewählt. Denn viele Menschen träumen davon, „einmal im Leben" ein Eigenheim zu kaufen. Und für viele bleibt es auch die größte Investition ihres Lebens.

Wie Sie am besten bei einer privaten Immobilienfinanzierung vorgehen, warum es manchmal gar nicht so vorteilhaft ist, ein Darlehen besonders schnell zu tilgen, und welche Finanzierungsarten es gibt, lesen Sie im Kapitel „8 – Damit der Traum vom Haus kein Albtraum wird".

3.2.5 Altersvorsorge planen

Ob angestellt oder selbstständig: Die Altersvorsorge ist eines der Finanzthemen, mit denen sich wirklich jeder beschäftigen sollte und muss. So mag die Rentenkasse beim Erreichen der Altersgrenze tatsächlich etwas auszahlen, fraglich ist, wie viel das sein wird. Insbesondere bei den Menschen, die erst vor wenigen Jahren in das Erwerbsleben eingestiegen sind. Doch auch wenn Sie bereits seit einigen Jahren in die Rentenkasse einzahlen, wird die Altersrente keinesfalls reichen, um Ihren gewohnten Lebensstil aufrechtzuerhalten.

Das ist auch inzwischen den meisten Menschen bewusst, die sich dann aber selbst ‚beschwindeln' und sich suggerieren, dass sie im Alter ja nicht mehr so hohe Ansprüche haben und „nicht so viel brauchen". Sie verordnen sich also selbst einen Verzicht für die Lebensphase, die sie so richtig genießen könnten, weil sie keine beruflichen Verpflichtungen mehr haben und allein ihren Interessen nachgehen dürften. Zumal ja auch die Lebenserwartung in den vergangenen Jahrzehnten kontinuierlich nach oben gegangen ist.

Und überhaupt: Um das bestehende Rentensystem aufrechtzuerhalten, verschiebt der Gesetzgeber kontinuierlich das Eintrittsalter nach hinten. Wer vorher nicht mehr arbeiten will (oder kann), schaut sprichwörtlich in die Röhre.

Ein konkretes Vorhaben Ihrer Finanzplanung sollte und muss deswegen sein, Ihre persönliche Rentenlücke zu schließen. Wer frühzeitig damit anfängt, kann sich im Alter einfach mehr leisten. Er gewinnt aber vor allen Dingen die Freiheit, nicht bis zum letzten vom Gesetzgeber vorgesehenen Tag im Erwerbsleben zu stehen, sondern seinen Ruhestand so zu planen, wie er sich das wünscht. Gerade Selbstständige sollten die Freiheitsgrade nutzen, die ihnen das System bietet, um selbst für ihr Alter vorzusorgen. Sie haben nämlich den Vorzug, ihr Geld so zu investieren, dass es deutlich mehr Rendite trägt als die staatlichen vorgesehenen Maßnahmen.

Das Schließen der Versorgungslücke ist auch ein Thema, das Frauen interessieren muss. Und das je früher, umso besser. Denn sie werden im Erwerbsleben leider immer noch benachteiligt. Und wenn dazu noch ein Kinderwunsch kommt, der mit entsprechenden Auszeiten verbunden ist, wird es noch wichtiger, sich um das Thema zu kümmern.

Um Versorgungslücken, aber auch um die Nachfolgeregelung in Unternehmen widmet sich das Kapitel „9 – beruhigt im Ruhestand".

Tipp: Lassen Sie mich das etwas deutlicher sagen. Die Zukunft ist der Teil Ihres Lebens, in dem Sie den Rest Ihres Lebens verbringen werden. Und entscheiden Sie hier, heute und jetzt diese Zukunft in die Hand zu nehmen, um sich einen gesicherten, guten Altersruhestand aufzubauen.

Machen Sie sich einen Termin im Kalender! Schauen Sie nach einem unabhängigen Berater in Ihrer Nähe und vereinbaren einen Termin. Machen Sie dort eine Bestandsaufnahme. Erstellen Sie eine Strategie und eine Finanzplanung, wie Ihr Ruhestand aussehen soll.

4. Vermögensaufbau – vom Sparer zum Investor wachsen

4.1 Sparen allein ist kein Vermögensaufbau

Sparsam zu sein gilt gemeinhin als eine deutsche Tugend, insbesondere im Schwabenland. Doch wer sparsam lebt, sollte monatlich eine bestimmte Summe zur Verfügung haben, die in den Aufbau des Vermögens investiert werden kann. Dabei kann das Ziel die Altersvorsorge, der Kauf von Immobilien oder ein anderer Wunsch sein.

Jedoch ist es wichtig zu betonen, dass Sparen allein nicht ausreicht. Und das Sparbuch oder Tagesgeld erst recht nicht. Um ein Vermögen aufzubauen, ist es erforderlich, das Geld nicht nur zu sparen, sondern klug zu investieren. Wer dies plant, muss sich gegen Widerstände und gut gemeinte Ratschläge aus dem eigenen Umfeld wehren, genauso wie gegen Vorurteile.

4.1.1 Die Historie eines erfolgshemmenden Vorurteils

Obwohl wir alle Produkte unserer Zeit sind, wirken auch unsere Erfahrungen und die Lehren unserer Eltern und Großeltern in uns weiter. An dieser Stelle müssen die meisten von uns von traditionellen Denkweisen loskommen. Zwei einfache Beispiele verdeutlichen dies.

Vor fast 100 Jahren fand nicht nur der erste internationale Sparkassenkongress statt, sondern auch der Weltspartag wurde ins Leben gerufen. Auch heute noch existiert dieser Tag, ist jedoch nicht mehr so präsent beworben wie in der Vergangenheit.

Blicken wir 100 Jahre zurück: Investieren und Vermögensaufbau waren bis zum Ende des Ersten Weltkriegs in Europa Angelegenheiten, die ausschließlich den Adel und das Großbürgertum betrafen. Die Arbeiterschaft, Landwirte und der heutige Mittelstand beschäftigten sich nicht mit solchen Themen, da sie über nicht ausreichende finanzielle Mittel verfügten. Die Idee des Weltspartages war es, gerade diese Menschen anzusprechen und sie dazu zu ermutigen, einen Teil ihres Einkommens zu sparen (und bei den Sparkassen einzuzahlen). Die Botschaft lautete: Jeder kann sparen und auch kleine Beträge bringen einen voran.

Im Laufe der Zeit entwickelte sich der Weltspartag zu einer großen Veranstaltung. Insbesondere die ältere Generation erinnert sich daran, wie Sparkassen regelrecht um die Aufmerksamkeit der Kinder kämpften. Eigenständige „Kinderschalter" in den Filialen waren keine Seltenheit. Am Ende gab es kindgerechte Werbemittel und oft auch eine Spardose, die bereits mit einem kleinen Betrag gefüllt war. Unbewusst vermittelten die Kinder (und deren Eltern) damit die Vorstellung:

1. Die Banken sind meine Freunde.
2. Sparen ist etwas Gutes.
3. Wer spart, legt sein Geld am besten aufs Sparkonto.

Diese psychologische Verbundenheit mit dem Sparkonto wirkt bis heute nach, obwohl Personen, die ein Vermögen aufbauen wollten, ihr Geld während des deutschen Wirtschaftswunders sicherlich nicht in ein Sparprodukt mit gesetzlicher Kündigungsfrist steckten. Wer jedoch in Aktien investierte, wurde als ‚Spekulant' betrachtet, was bis heute einen negativen Klang hat. Dies führt uns zum zweiten Beispiel. Auf Flohmärkten findet man immer noch die berühmten rororo-Taschenbücher. Seit den frühen 1960er-Jahren enthielten diese Bücher Anzeigen, in denen zum Kauf von Pfandbriefen und Kommunalobligationen aufgerufen wurde. Die Anzeigen waren gut gemacht und für die damalige Zeit sehr modern. Sie griffen Zitate oder Aussagen aus dem Buch auf, in dem sie platziert waren, und führten dann zu ihrem eigentlichen Thema über.

Pfandbriefe und Kommunalobligationen wurden als Alternative zum Sparbuch positioniert. Diese staatlichen Anleihen versprachen eine höhere und kalkulierbare Rendite. Da die Kommune dahinterstand, galten sie als sichere und seriöse Geldanlage. Eine solche

Werbekampagne, die 20 Jahre lang Bestand hatte, wirkte lange Zeit nach.

Bei diesem Überblick handelt es sich nicht um eine sozialwissenschaftliche oder historische Untersuchung. Fakt ist jedoch, dass über Jahrzehnte hinweg vermittelt wurde, dass Geld zur Bank gehört (vorzugsweise Volksbanken und Sparkassen) und ‚sicher' angelegt werden sollte. Diese Argumente begegnen uns im Alltag immer wieder. Es symbolisiert das, was ich als „Sparermentalität" bezeichne. Sich davon zu lösen (ohne im Gegenteil in gehypte „Giermodelle" zu verfallen), ist eines der Hauptanliegen dieses Buches.

Ziel: Sie sparen nicht, sondern Sie investieren Ihr Geld, auch wenn das eine oder andere Produkt den Namen „Sparplan" trägt. Jeder kann sparen, selbst wenn Sie im Supermarkt ein No-Name-Produkt wählen. Aber Sparen benötigt auch einen Zweck und ein Ziel. Es erfordert aktives Handeln: Es erfordert Investieren!

In den kommenden Seiten werde ich Ihnen einige Produkte und Möglichkeiten vorstellen, wie Sie Ihr Geld investieren können. Mein Anspruch ist dabei nicht, lexikalische Vollständigkeit oder Genauigkeit zu erreichen. Wenn Sie diese Seiten aufmerksam lesen, werden Sie bei einem Gespräch mit einer Finanzberaterin oder einem Finanzberater besser verstehen, Ideen und Konzepte umzusetzen.
In diesem Kapitel präsentiere ich Ihnen einen Teil meines Werkzeugkastens und erläutere Ihnen die Funktionsweise einiger Instrumente. Also, los geht's!

4.2 Tagesgeld und Festgeld sind keine Bestandteile Ihres Vermögensaufbaus

Die Prägung unseres Denkens durch Spar- und Sicherheitsgedanken über Generationen hinweg zeigt sich deutlich in der Beliebtheit von Tages- und Festgeldkonten. In TV-Spots der Banken spielt der Sicherheitsaspekt eine große Rolle, oft in Kombination mit dem Versprechen auf ‚gute Zinsen‘.

In den letzten Jahren war es um Tages- und Festgeldkonten sehr ruhig geworden. Kein Wunder, angesichts von Nullzinsen und Strafzinsen hatte kein Institut Interesse daran, weitere Einlagen anzunehmen. Während der Entstehung dieses Buches hat sich dies jedoch rasant verändert, und Banken haben zaghaft begonnen, diese Anlageform wieder zu bewerben.

Lassen Sie uns kurz die Definition der beiden Produkte betrachten:

- Ein Tagesgeldkonto ermöglicht es Ihnen, Geld für kurze Zeit anzulegen. In der Regel erhalten Sie eine variable Verzinsung auf Ihr Guthaben. Wie der Name schon sagt, können Sie jederzeit über das Geld auf dem Tagesgeldkonto verfügen. Tagesgeldkonten gelten als vergleichsweise sichere Anlageform.
- Ein Festgeldkonto ermöglicht es Ihnen, einen festgelegten Betrag für eine bestimmte Laufzeit bei der Bank anzulegen. Während dieser Zeit erhalten Sie in der Regel einen festen Zinssatz. Allerdings müssen Sie beachten, dass Sie während der Laufzeit nicht auf das angelegte Geld zugreifen können und bei vorzeitiger Abhebung die Bank entschädigen müssen.

Abstrakt betrachtet ähnelt das Tagesgeldkonto eher einem Girokonto, jedoch ohne die Möglichkeit von Überweisungen oder Lastschriften. Es bietet im Gegensatz zum Girokonto jedoch höhere Zinsen. Die Eröffnung eines Tagesgeldkontos ist in der Regel erst ab einer bestimmten, von der Bank festgelegten Einlagensumme möglich. Ein Vorteil ist die kurzfristige Verfügbarkeit des Guthabens.

Das Festgeldkonto ähnelt eher einem traditionellen Sparbuch und bietet ebenfalls höhere Zinsen. Es ist jedoch ebenfalls weniger flexibel. Bei den meisten Sparkonten können zwar teilweise

Auszahlungen vorgenommen werden, diese sind jedoch in der Regel auf einen monatlichen Betrag begrenzt. Möchten Sie das gesamte Guthaben oder Beträge oberhalb der Grenze abheben, müssen Sie das Sparkonto kündigen. Die gesetzliche Kündigungsfrist beträgt in der Regel drei Monate.

Aus Sicht der Banken sind diese beiden Produkte attraktiv, da sie mit den Kundeneinlagen solide wirtschaften können. In der Hochzeit der Festgeldkonten vor der Finanzkrise in den frühen 2000er-Jahren gab es Spitzenangebote mit Zinssätzen um die sechs Prozent. Banken zahlen solche Zinsen nur dann, wenn sie mit den Einlagen entsprechende Gewinne erwirtschaften können. In dieser Zeit entstanden auch zahlreiche Vergleichsportale im Internet, die Tages- und Festgelder miteinander verglichen.

Hohe Zinsen auf Tages- und Festgeld waren und sind oft Argumente für Banken, die sich auf dem deutschen Markt etablieren wollten oder schnell Gelder einsammeln mussten, um sie anderweitig mit höheren Renditen anzulegen. Die Liberalisierung des europäischen Marktes trug ebenfalls dazu bei. So landeten beträchtliche Einlagen auch bei Banken in Island oder der Türkei. Solange diese Anbieter jedoch dem Einlagensicherungsfonds angehören, ist dies unproblematisch.

Dennoch handelt es sich bei Tages- und Festgeldkonten nicht um ein Instrument für den langfristigen Vermögensaufbau. Hier schlagen wieder die Inflation und die Steuer zu. Selbst bei einer garantierten Verzinsung von drei Prozent erleiden Sie auf lange Sicht einen erheblichen Verlust, wenn die Inflation bei sechs oder sogar sieben Prozent liegt.

Wie bereits an anderer Stelle erwähnt, sind die Zinsen auch nur ein Teil der Medaille. Die Verzinsung eines Anlageprodukts muss die Inflationsrate schlagen können, um überhaupt attraktiv zu sein. Aber getreu dem Motto, dass wichtig ist, was am Ende herauskommt, müssen auch die Kosten und vor allem die steuerlichen Abgaben berücksichtigt werden.

Trotz der Nachteile können diese Konten sinnvoll sein. Ein Tagesgeldkonto ermöglicht es Ihnen, Geld ‚geparkt' bei der Bank abzulegen. Ein Beispiel: ein Freiberufler, der einen prozentualen Anteil seiner Einnahmen für Steuervorauszahlungen zurücklegt. Anstatt das Geld auf dem Girokonto zu lassen, sollte jener es lieber auf einem Tagesgeldkonto anlegen. Zweites Beispiel: Wenn ein bestehender Anlagevertrag (von Ihnen) endet und das Geld ausgezahlt wird, können Sie in Ruhe überlegen, wie Sie dieses Geld anderweitig verwenden möchten, indem Sie es auf einem Tages- oder Festgeldkonto mit kurzem Anlagehorizont anlegen.

Immer wenn es um eine sehr kurzfristige Anlage geht, können Tages- und Festgeldkonten eine Alternative für überschaubare Einlagen sein. Als Baustein für den langfristigen Vermögensaufbau eignen sich diese Konten jedoch nicht.

Zum Zeitpunkt der Entstehung dieses Buches gab es für Tagesgelder zwei bis drei Prozent Zinsen. Die Banken können diese Gelder bei der EZB über Nacht für vier Prozent parken. Dies ist ein äußerst lukratives Geschäft für die Bank – daher stellt sich für die Bank die Frage, warum sie ein Interesse daran haben sollte, Ihnen ein attraktiveres Investment anzubieten, wenn dann auch noch Ihr Geld die Bank (in Richtung Investment) verlässt? Denken Sie also immer daran: Die Bank ist nicht Ihr Freund, und kann es auch nicht sein. Denn es ist ein gewinnorientiertes Unternehmen, dessen Profit darin besteht, Geld billig einzukaufen und möglichst teuer zu verkaufen!

4.3 Das ETF-Versprechen: Gibt es passiven Vermögensaufbau wirklich?

Wer sich heute über Geldanlagen informiert, kommt um den Begriff ETF nicht herum. Es scheint fast nur noch Sparpläne für ETFs zu geben. In den letzten Jahren hat diese Anlageform einen regelrechten Boom erlebt.

ETF steht für „Exchange Traded Fund" und bezeichnet ein börsengehandeltes Wertpapier. Die Besonderheit von ETFs besteht darin, dass sie die Wertentwicklung von Indexwerten nachbilden. Ein Index fasst die Wertentwicklung einer vorher definierten Anzahl von Wertpapieren zusammen, in der Regel Aktien. Der „Deutsche Aktien Index" (DAX) ist der bekannteste Index in Deutschland.

Ein ETF auf den DAX ist also eine exakte Nachbildung des deutschen Aktienindexes, der derzeit 40 Aktien umfasst. Ein ETF bildet automatisch die Wertentwicklung des zugrunde liegenden Index ab. Steigt der Index, steigt auch der Wert des ETF und umgekehrt. Durch die Diversifikation reduziert sich das Anlagerisiko im Vergleich zur Investition in einzelne Wertpapiere.

Allerdings bedeutet dies nicht automatisch, dass ETFs besonders ertragreich oder risikofrei sind.

Bevor wir auf die potenziellen Schwachstellen von ETFs eingehen, die Sie kennen sollten, bevor Sie in sie investieren, sehen wir uns die Funktionsweise genauer an.

ETFs werden von Investment- und Fondsgesellschaften herausgegeben. In Deutschland werden nur diversifizierte ETFs zugelassen. ETFs, die ausschließlich in Rohstoffe investieren, gibt es daher hierzulande nicht.

Die Herausgeber haben verschiedene Möglichkeiten, den Index des jeweiligen ETFs nachzubilden, diese werden als Replikationsmethoden bezeichnet.

Bei einer Variante werden die im Index enthaltenen Wertpapiere tatsächlich gekauft, dies nennt man physische Replikation. Es gibt jedoch auch die Möglichkeit, mithilfe von Tauschgeschäften und Derivaten die Kursentwicklung nachzubilden. Welchen Weg der ETF wählt, steht in den Prospekten, die nur wenige lesen und noch weniger verstehen.

Ein ETF hat klare Grenzen in Bezug auf die Renditechancen. Die Rendite kann nicht über der Marktrendite liegen, da der ETF einen Index abbildet. Dies unterscheidet ihn wesentlich von einem aktiv gemanagten Fonds, bei dem das Ziel der Fondsmanager darin besteht, den Markt zu übertreffen.

Wenn Sie sich für einen ETF entscheiden, wählen Sie also eine passive Anlagestrategie mit dem Ziel, am langfristigen Wachstum des Marktes teilzuhaben.

Im Zusammenhang mit ETFs werden gerne Sparpläne angeboten, da sie besonders bequem sind. Dabei wird häufig der sogenannte Cost-Average-Effekt als Vorteil genannt. Dieser Begriff wird jedoch auch im Zusammenhang mit Fonds oder Aktien verwendet – immer dann, wenn regelmäßig in dieselbe Anlageform investiert werden soll. Die Logik hinter dem Effekt ist unmittelbar verständlich.

Das Prinzip des Cost-Average-Effekts basiert auf langfristigen Investitionen und Anlagehorizonten. Über längere Zeiträume von 20 oder 30 Jahren hat nahezu jede Art von Wertpapier eine deutliche Wertsteigerung erfahren.

An der Börse gilt bekanntlich die Regel „Günstig kaufen und teuer verkaufen", um eine hohe Rendite zu erzielen. Daher erzielen alle, die bei niedrigem Kurs möglichst viele Wertpapiere kaufen und sie dann zu einem hohen Kurs verkaufen, den größten Gewinn. Es ist jedoch schwierig, den optimalen Zeitpunkt dafür zu finden.

Die Argumentation lautet nun: Wenn Sie mit einem Sparplan investieren, müssen Sie sich darüber keine Gedanken machen. Denn der Cost-Average-Effekt ist Ihr Freund. So funktioniert es: Die Börsenkurse können aufgrund externer Faktoren innerhalb kurzer Zeit stark schwanken. Mit einem Sparplan wird monatlich eine feste Summe in den Markt investiert. Wenn der Kurs des Wertpapiers im Vergleich zum vorherigen Monat um zehn Prozent fällt, erhalten Anlegerinnen und Anleger mit einem Sparplan zehn Prozent mehr Anteile für dieselbe Investition. Wenn die Kurse dann wieder steigen, war dies eine günstige Investition, da bei fallenden Kursen mehr Anteile erworben wurden. Allerdings tritt dieser Effekt kaum bei sehr stabilen Kursen und Wertpapieren mit geringem Wertzuwachs auf. Der Effekt ist auch wirkungslos bei kontinuierlich fallenden Kursen.

Und was passiert bei steigenden Kursen? In diesem Fall kann der Effekt sogar negativ wirken. Durch die festgelegten Raten erwerben Anlegerinnen und Anleger weniger Anteile bzw. Wertpapiere. Wenn in diesem Zeitraum jedoch Dividenden oder Zinszahlungen erfolgen, partizipieren sie in geringerem Maße als bei einem Kauf derselben Anzahl von Wertpapieren mit einer Einmalzahlung.

Es ist also nicht so einfach. Im Allgemeinen sind Sparpläne eine gute Idee für alle, die überhaupt in Geldanlagen investieren möchten. Doch selbst der beste Cost-Average-Effekt nützt nichts, wenn die Rendite der Anlageklasse hinter der Inflation zurückbleibt.

Jetzt noch einmal zu den Punkten, über die Sie nachdenken sollten, bevor Sie Geld in ETFs investieren.

Wie bereits erwähnt, werden ETFs von Fondsgesellschaften herausgegeben. Es kommt nicht selten vor, dass der Anbieter eines ETFs den passenden Index für diesen ETF festlegt. Dies an sich ist nicht verwerflich oder riskant. Das Risiko liegt eher in der Zusammensetzung des Index selbst. Hier kann es zu einem sogenannten Klumpenrisiko kommen, wenn beispielsweise eine bestimmte Branche oder Region übermäßig stark vertreten ist. Geraten diese Werte unter Druck, sinkt der Index und die ETFs verlieren an Wert. Dieser Verlust kann deutlich größer sein als der Gesamtmarktverlust.

Deshalb sollten Sie in den Prospekten genauer nachlesen, wie der Index selbst zusammengesetzt ist. Hier ist ein Beispiel:

Das Unternehmen Stoxx aus der Schweiz, eine Tochtergesellschaft der Deutschen Börse AG, ist auf die Erstellung von Indizes spezialisiert. Einer dieser Indizes ist der Stoxx Europe 600. Wie der Name schon sagt, berücksichtigt er die 600 größten Unternehmen im europäischen Raum, basierend auf der sogenannten Marktkapitalisierung, d. h. der Summe der frei handelbaren Aktien. Eine Besonderheit des Index ist, dass die einzelnen Positionen auf zehn Prozent der Gesamtgewichtung begrenzt sind. Das Unternehmen überprüft diese Gewichtung einmal pro Quartal und passt sie bei Bedarf an.

Der MSCI Europe verfolgt dasselbe Ziel, unterscheidet sich jedoch deutlich vom Stoxx Europe 600. Er berücksichtigt weniger Unternehmen (400) und verwendet eine andere Auswahlmethode. Der Index kann durchaus als Tochter des bekannten MSCI World Index betrachtet werden. Er greift auf die gleiche Methodik wie der MSCI World zurück, verwendet jedoch nur die Länder, die MSCI als europäische Industrienationen betrachtet, was lediglich 15 Staaten sind. Zwei Indexwerte, die sich beide auf Europa konzentrieren, aber in Bezug auf Renditechancen und Risiko völlig unterschiedlich sind. Die Gewichtung ist vollkommen anders. Die Situation wird noch unübersichtlicher und risikoreicher, wenn Sie höhere Renditen erzielen möchten, beispielsweise durch Investitionen in aufstrebende Märkte. Denn welche Länder von den ETF-Anbietern als „Emerging Markets" angesehen werden und welche Branchen in ihnen enthalten sind, variiert stark.

Insgesamt sind ETFs eine passive Anlagestrategie, die beim Vermögensaufbau helfen kann. Es ist jedoch kein automatischer Weg zu hohen Renditen und großem Vermögen. Genauso wie bei anderen Wertpapieren muss das Portfolio regelmäßig überwacht und neu ausgewogen werden. Dies erfordert Arbeit und einige Grundkenntnisse über die Märkte.

Banken, Sparkassen und Neo-Broker bieten Ihnen beliebte und leicht verständliche ETFs an. Der Markt ist inzwischen riesig. Bei Drucklegung existierten rund 40.000 ETFs. Das sind mehr, als Aktien im freien Handel verfügbar sind.

Lassen Sie mich noch aus meiner langjährigen Marktexpertise kurz etwas zur Entstehung der ETF erläutern. Dies dürfte sicherlich auch für die jungen Leserinnen und Leser interessant sein.

Zu Beginn meiner Karriere gab es die ersten Investmentfondsgesellschaften wie Fidelity oder Templeton Growth, die aus den USA zu uns kamen. Wie sie auch immer hießen, sie waren bei Bankern oft noch unbekannt – und Marken wie die der Investmentgesellschaft „Fidelity" wurden beispielsweise mit einem

Stereoanlagenhersteller verwechselt. Ich selbst habe erlebt, dass Banker die Kunden angerufen und gefragt haben, was das denn für eine komische Abbuchung sei, um in einen „Fidelity Aktienfonds" zu sparen. Es hat jedoch nicht lange gedauert und die Banken erkannten selbst das Potenzial: Schnell wurden die eigenen Töchter gegründet, DEKA, Union, DWS – um die bekanntesten zu nennen. Ständig wurden neue Investmentfonds an den Markt gebracht. Bei den Banken im Verkaufsgeschäft vor Ort bedeutete das: Die übliche Besprechung jeden Montagmorgen zirkelte vor allem um Vorgaben wie: „Die Zentrale hat uns eine Zielvorgabe von x Mio. Euro zugewiesen, welche bis Freitag beraten, sprich verkauft werden muss."

Was glauben Sie, was den Kundinnen und Kunden am Dienstagmorgen in der Bankfiliale des Vertrauens empfohlen wurde?

Im Laufe der Zeit gab es eine Vielzahl von Investmentfonds, die vielleicht gar nicht so sehr auf Erfolge für die Kunden aus waren, sondern auf Verkaufen, Verkaufen, Verkaufen! Bis es dann der Firma Blackrock – nach meinem Ermessen nicht die Erfinder des ETFs, aber die besten Promotoren – gelungen ist, Investmentfonds massenhaft zu vermarkten. Schlichtweg, weil die Konstruktion als Abbild eines Indexes wie beispielsweise MCSI World, MCSI DAX, MCSI Dow Jones die meisten anderen existierenden Fonds outperformte, und das mit einem Bruchteil der Kosten eines gemanagten Fonds. Und weil die Kunden kein Finanzwissen in der Schule erlernt haben, war die Frage nach den Kosten eben am naheliegendsten. Der Rest ist Geschichte – und die Erfolge, die das ETF-Sparen erreicht, sind sensationell. ETF erleben einen wahren Hype, Wissenschaft, Presse und Marketingabteilungen lieben sie. Und wenn anscheinend alle ein Instrument lieben und sich darauf stürzen, ist das der Moment, an dem ich nachdenklich werde.

Meine Bedenken? ETFs sind deshalb günstig, weil sie nicht aktiv gemanagt werden, es also quasi keinen Piloten gibt. Aber würden Sie in ein Flugzeug ohne Piloten einsteigen, um Geld zu sparen?

Außerdem wird der ETF-Markt im Wesentlichen von drei bis vier Gesellschaften dominiert. Was, wenn beispielsweise einer dieser Anbieter gehackt wird und ... den Rest überlasse ich Ihrer Fantasie. Mein Modell: Ich bin pro ETF und pro gemanagte Fonds! Die Core-Satellite-Strategie lässt zu, das eine tun, ohne das andere zu lassen.

4.4 Trading per App – da brauch ich doch keine Beratung!?

In den vergangenen Jahren haben eine Reihe von Start-ups den Finanzbereich für sich entdeckt. Besonders stark vertreten sind hier die sogenannten Neo-Broker. Die Start-ups (auch „Fintechs" genannt) haben versucht, sich von klassischen Banken und Finanzdienstleistern abzugrenzen. Es sind zwei Merkmale, auf die die meisten Neo-Broker setzen:

1. Sie bieten ihre Apps direkt in den App-Stores von Google und Apple an. Die Depoteröffnung erfolgt rein digital, und die Kunden verwalten ihre Depots, Sparpläne und Trades direkt über die App.
2. Bei vielen Neo-Brokern fallen keine Depotgebühren und auch keine Gebühren für den Kauf oder Verkauf von Wertpapieren an. Oder die Gebühren sind unabhängig von der investierten Summe und eher symbolisch.

Bekannte Beispiele für erfolgreiche Neo-Broker, die in den letzten Jahren Marktanteile erobert haben, sind Trade Republic, eToro, Justtrade, Finanzen.net und Scalable Capital. Sie bieten mit unterschiedlichen Schwerpunkten Investitionen und Handel mit verschiedenen Assetklassen direkt in ihrer App an, darunter Aktien, Fonds, ETFs und Kryptowährungen. Die Anbieter behaupten, dass keine besonderen Vorkenntnisse erforderlich sind.

Tatsächlich sind die Apps gut strukturiert und ermöglichen es den Nutzern, binnen weniger Minuten Sparpläne, beispielsweise für ETFs, einzurichten. Das Versprechen lautet: Jeder kann aktiv in den Handel mit Wertpapieren einsteigen und seinen Vermögensaufbau selbst in die Hand nehmen.

Grundsätzlich ist das richtig, aber ich möchte Sie auf einige Merkmale der Neo-Broker hinweisen, über die Sie nachdenken sollten, bevor Sie auf Beratung verzichten und Ihr eigener Vermögensverwalter per App werden.

In meinen Beratungsgesprächen bin ich immer wieder erstaunt über das wenig nachdenkliche Vorgehen vieler Menschen, wenn es darum geht zu verstehen, wie es sein kann, dass Unternehmen Apps entwickeln, Mittel für Marketing ausgeben und eine technische Infrastruktur für den Handel mit Wertpapieren bereitstellen, dies aber alles völlig kostenlos anbieten. Die meisten Menschen denken offenbar nicht darüber nach, wie die Neo-Broker eigentlich ihr Geld verdienen.

Beginnen wir mit der wichtigsten Botschaft: Kaum ein Neo-Broker arbeitet bisher profitabel. Am Ende des Geschäftsjahres verzeichnen sie Verluste. Diese Verluste werden dann von den Kapitalgebern ausgeglichen. Dahinter stehen Finanzierungen durch Unternehmen, die Risikokapital zur Verfügung stellen. Für sie geht es anfangs vor allem darum, überhaupt Kunden zu gewinnen.

Einige Neo-Broker bieten Premium- oder Abonnementdienste an. Gegen eine monatliche Gebühr erhalten Kunden dann erweiterte Analysemöglichkeiten oder die Gebühren werden pauschalisiert, sodass unbegrenztes Trading möglich ist. Eine wesentliche Einnahmequelle, die jedoch oft recht versteckt in den Geschäftsbedingungen zu finden ist, ist das „Payment for Order Flow" (PFOF). Die Unternehmen arbeiten eng mit Handelsplätzen oder sogenannten Market-Makern zusammen. Diese bezahlen den Neo-Brokern eine Gebühr für die Weiterleitung der Handelsaufträge.

Anstatt also die Orders der Kunden direkt an einer Börse zu platzieren, leiten viele Neo-Broker die Aufträge einfach an Dritte weiter, um darüber Geld zu verdienen. Solange die Anleger die Möglichkeit haben, dies zu wissen, ist gegen dieses Geschäftsmodell nichts einzuwenden. Regulierungsbehörden werfen den Neo-Brokern jedoch vor, nicht transparent genug zu sein. Dies kann auch nachteilige Auswirkungen für die Kunden haben, da die Market-Maker die Aufträge wiederum nicht an die Börse oder den Handelsplatz weiterleiten, der zum Zeitpunkt der Auftragserteilung für die Kunden am besten wäre, sondern an den Marktteilnehmer, der für den Market-Maker den größten Vorteil bringt.

PFOF funktioniert jedoch nur dann, wenn es viele Orders gibt. Je öfter Kunden also handeln, desto besser für den Broker. Hier liegt auch eine gewisse Gefahr für die Nutzerinnen und Nutzer. Die Anbieter bieten in ihren Mitteilungen und in der App immer wieder neue Anlagechancen an und heben bestimmte Assets hervor, die angeblich eine noch bessere Rendite versprechen. Dies birgt die Gefahr, sich zu verzetteln und das Depot ständig umzuschichten. Dies geschieht oft zu einem ungünstigen Zeitpunkt. Am Ende erreichen Sie so den Aufbau Ihres Vermögens langsamer, als dies bei einer klassischen und umfassenden Beratung der Fall wäre.

Schwieriger zu erkennen sind mögliche Risiken für Ihr Geld. Wenn Sie gerne selbst traden möchten und dies über Ihr Smartphone tun möchten, sollten Sie sich im Voraus über das Unternehmen informieren, dem Sie Ihr Geld anvertrauen möchten.

Achten Sie deshalb auf folgende Merkmale:

- Das Unternehmen sollte eine Zulassung von der Bafin besitzen und in den Einlagensicherungsfonds einzahlen. Ohne diese Absicherung werden Sie im Falle einer Insolvenz (und Start-ups sind hier besonders gefährdet) lange darauf warten müssen, Ihr Geld zurückzubekommen. Dies kann bis zum Totalverlust führen.

- Prüfen Sie genau, was Sie erwerben. Kaufen Sie tatsächlich Fondsanteile, Aktien oder ETFs, die dann in Ihrem Depot landen? Könnten Sie dieses Depot auch zu einem anderen Broker übertragen? Es gibt Konstruktionen, bei denen der Broker die Wertpapiere erwirbt und Ihnen dann eine Schuldverschreibung in Ihr Depot legt. Im schlimmsten Fall ist diese Schuldverschreibung nichts wert, wenn der Anbieter insolvent ist.

Aus meiner Sicht ist es indes schon rätselhaft, dass Banken (und auch meine Finanzberatung) einen so hohen Aufwand betreiben müssen, um das Risikoprofil und zwischenzeitlich auch noch die Geeignetheitsprüfung eines Kunden anzulegen bzw. festzustellen. Unabhängig davon, wie sinnvoll es auch sein mag, vorab in der Theorie mit einer Person zu ermitteln, welche Anlageklassen für dieses geeignet sein mögen, geht dies bei Trading-Apps doch alles erstaunlich schnell. Vermutlich aber nur deshalb, weil die meisten Nutzer die Belehrungen schnell „als gelesen" markieren werden. Nur kann das zu schnelle Lesen dann auch zu unangenehmen Situationen führen, wenn die Risiken einer Anlage falsch eingeschätzt worden sind. Davon können etwa Anleger ein Lied singen, die über solche Plattformen Geld in die Immobilienentwicklung gesteckt haben und von der Insolvenz des Bauträgers kalt erwischt wurden. Bleibt zu hoffen, dass diese Personen den wichtigsten Grundsatz beherzigt haben und die sprichwörtlichen Äpfel nicht alle in einen Korb gesteckt haben.

Fazit: Neo-Broker bereichern den Markt. Die Tools und Handelsmöglichkeiten sind umfassend. Sie sollten jedoch wissen, was Sie tun. Wenn Sie ohne Vorkenntnisse in den Handel mit Wertpapieren einsteigen und Ihr Depot selbst verwalten, werden Sie wahrscheinlich am Ende teure Lektionen bezahlen. Es ist ein bisschen wie beim Heimwerken: Auch wenn Sie dieselben Werkzeuge und das beste Material verwenden, wird das Ergebnis Ihrer ersten selbstgeputzten

Wand wenig mit dem Ergebnis eines Profis gemein haben – und der Profi hat auch weniger Zeit gebraucht.

4.5 Wertpapiere erfordern aktive Beschäftigung

Einer der Gründe, warum ich dieses Buch schreibe, hat mit der Überzeugung zu tun, dass wir Deutschen immer noch ein Volk der Sparer sind, aber vor Investitionen oftmals eher zurückschrecken. Der Aufbau eines Vermögens, das Schließen der Versorgungslücken im Alter oder der Erwerb von Immobilien funktionieren jedoch nicht, wenn Sie Ihr Geld auf das Sparbuch legen. Dort wird es durch die Inflation aufgezehrt, und gerade die Versorgungslücke im Alter wird noch größer. Um ein Vermögen aufzubauen (ganz unabhängig von Ihren konkreten finanziellen Zielen oder der Höhe der Summe, die Sie gerne besitzen möchten), müssen Sie Ihr Geld klug investieren. Das hat nichts mit ‚Zocken' oder hochriskanten Anlagen zu tun. Wer aber sein Geld investieren möchte, kommt um Wertpapiere wie Aktien oder Fonds nicht herum. Die Zahlen sprechen für sich: Wer hier sein Geld über einen langen Zeitraum anlegt, schlägt die Inflation. Warum ist das so? Ein Aktienfonds investiert in viele Aktiengesellschaften. Diese Firmen produzieren unterschiedliche Produkte, nehmen wir als Beispiel Zahnpasta. Wenn nun die Rohstoffe und Personalkosten für die Herstellung von Zahnpasta teurer werden, wird der Zahnpastahersteller den Preis der Zahnpastatube so lange erhöhen, bis der Gewinn wieder stimmt. Und diese Preissteigerungen sind die Grundlage für Inflation.

In Kundengesprächen werde ich regelmäßig mit Fragen nach den Risiken, Totalverlusten und Börsencrashs konfrontiert, wenn es um Aktien und Fonds geht. Die Aktienmärkte haben zweifellos Rückschläge erlitten, aber Zyklen gehören nun einmal zu unserem Wirtschaftsleben dazu. Große Kursstürze treten jedoch in der

Regel nicht ohne Warnzeichen auf und zeigen sich seltener als die Wachstumsphasen.

Ein Wertpapierdepot ist kein Sparbuch. Es genügt nicht, einige Titel zu kaufen, sie dort liegen zu lassen und nach Jahren auf den Depotauszug zu schauen. Aber mit dem richtigen Portfolio lassen sich über die Jahre hohe Renditen erwirtschaften. Ein eindrucksvolles Beispiel hierfür ist der Kauf einer Aktie von Apple im Jahr 2002 zum Kurs von 0,43 Euro. Heute besitzt man ein Papier, das über 170 Euro wert ist. Eine solche Wertsteigerung bietet kein Bankkonto.

Das Beispiel der Apple-Aktie führt zur Erklärung, warum in Deutschland immer noch keine nennenswerte Aktienkultur herrscht (anders als in den USA, wo man sogar mit dem Friseur über Aktientipps spricht). Meiner Meinung nach sind dafür mehrere Faktoren verantwortlich:

1. Den meisten Menschen mangelt es schlicht an finanzieller Bildung und dem Verständnis für wirtschaftliche Zusammenhänge.
2. Statt über Märkte und das Börsengeschehen im Allgemeinen zu sprechen, wird zu viel über Einzeltitel geredet. Aber es ist nie gut, alles auf eine Karte zu setzen. Denn dann ist die Enttäuschung oft groß.

Ein immer noch relevantes Beispiel, das dem Aufbau einer Anlagekultur in Deutschland eher geschadet als genutzt hat, ist die Privatisierung der Telekom im Jahr 1996. Mit einer riesigen Werbekampagne wurden die Aktien des Unternehmens als „Volksaktie" beworben. Sie wurden zu einem Ausgabepreis von 28,50 DM gehandelt und spülten die gewünschte Summe in die Staatskasse. Damals herrschte ein glänzendes Umfeld für Technologiepapiere, und der Aktienkurs stieg im Laufe der Jahre sogar auf über 100 Euro. Diejenigen, die zu diesem Zeitpunkt verkauften, um ihren Gewinn anderweitig zu investieren, machten ein gutes Geschäft.

Viele Anlegerinnen und Anleger ließen die Aktie jedoch in ihrem Depot, ohne auf sich verändernde Marktbedingungen zu achten. Die Erwartungen an Technologie und insbesondere das Internet wurden weniger euphorisch. Große Investoren wurden zunehmend skeptisch, ob mit den vielen Geschäftsmodellen tatsächlich Geld verdient werden konnte. Das Umfeld trübte sich ein, und wenn viele Aktien zum Verkauf stehen, fallen die Kurse. Mitte 2001 war die sogenannte Volksaktie nur noch knapp acht Euro wert, lag also unterhalb des Ausgabepreises.[7] Geld haben besonders die ‚Kleinsparer' verloren, die sich auf den klingenden Namen Telekom und das Wort von der „Volksaktie" verließen.

3. Ein noch entscheidenderer Punkt ist, dass Wertpapiere oft ohne Plan und Strategie gekauft werden. Viele meiner Kunden verzichteten zuvor auch lieber auf eine umfassende Beratung und griffen zu marktschreierischen Buchtiteln, die schnellen Reichtum und absolut sichere Tipps für den Vermögensaufbau versprechen.

Die Autoren dieser Ratgeber jedenfalls werden mit hoher Wahrscheinlichkeit viel Geld verdienen. Warum Buch und Internet so oft den Vorzug gegenüber dem Gang zu einem Finanzberater erhalten, erschließt sich mir allerdings nicht. Vielleicht hat dies auch mit einer Art Schamgefühl und mangelndem Vertrauen zu tun? Denn ein Erstgespräch mit einem Finanzberater ähnelt einer Konsultation bei einem Arzt. Um effektiv zu sein, müssen Sie ehrlich sein und auch über bereits vorhandene Vermögenswerte sprechen. Und dem stehen leider das passende Sprichwort und die Grundeinstellung gegenüber: „Über Geld spricht man nicht." Das sind alles andere als gute Voraussetzungen, um mit Spaß aktiv Geld zu investieren.

---

7   Vgl. www1.wdr.de/radio/wdr5/sendungen/zeitzeichen/zeitzeichen-telekom-aktie-boersen start-100.html.

4.5.1 Beispiele für Anlagestrategien

Der Handel mit Wertpapieren erfordert aktive Beschäftigung. Wenn Sie keine Zeit dafür aufbringen können, wenden Sie sich am besten an einen seriösen Finanzberater. Denn was Sie zu Beginn benötigen, ist eine Anlagestrategie. Und auch diese ist nicht auf ewige Zeiten festgeschrieben.

Einige Merkmale einer guten Anlagestrategie sind:

- Sie passt zu den individuellen Zielen und Risikobereitschaften der Anlegerinnen und Anleger. Eine Person, die kurz vor dem Ruhestand steht, wird eine andere Strategie nutzen als eine junge Person.
- Die Diversifikation ist eine der wichtigsten Komponenten einer Anlagestrategie. Anlegerinnen und Anleger diversifizieren ihr Portfolio, indem sie es auf verschiedene Anlageklassen, börsennotierte und nicht börsennotierte aufteilen. Dadurch gleichen sie unterschiedliche Entwicklungsphasen in den Anlageklassen aus.
- Ein weiterer wichtiger Bestandteil einer Anlagestrategie ist das Re-Balancing (Angleichung der ursprünglichen Verteilung): Investoren überprüfen regelmäßig ihr Portfolio und passen es bei Bedarf an, um das ursprüngliche Risiko- und Ertragsprofil beizubehalten.

Es gibt verschiedene grundlegende Anlagestrategien, die sich je nach Anlegertyp und Risikobereitschaft unterscheiden. Strategien werden zwar nicht kurzfristig gewechselt, aber im Gespräch mit Ihrem Berater sollten Sie regelmäßig prüfen, ob der eingeschlagene Kurs immer noch zu Ihnen passt.

Beispiele für Anlagestrategien sind:

- Die Buy-and-Hold-Strategie, die langfristig ausgerichtet ist. Sie geht davon aus, dass es schwer ist, den besten Zeitpunkt zum Kauf oder Verkauf von Wertpapieren zu finden. Durch langfristiges Halten von Investitionen spielen wirtschaftliche Abschwünge theoretisch keine Rolle.

- Bei einer antizyklischen Anlagestrategie kauft man Aktien, die an Wert verlieren, und verkauft sie nach Kurssteigerungen. Die Vorhersage solcher Entwicklungen ist schwierig.

- Eine prozyklische Anlagestrategie investiert in Aktien und Unternehmen, die sich aktuell und vorhersehbar in nächster Zeit positiv entwickeln. Sie berücksichtigt aktuelle Ereignisse und wird daher auch Momentumstrategie genannt. Ein Beispiel dafür ist, dass die Aktien von Herstellern von Wärmepumpen steigen, nachdem die Regierung Investitionsanreize im Bereich regenerative Energien angekündigt hat. Oder auch die Aktien von Rüstungsunternehmen, wenn es zu einem Krieg kommt.

- Die Trendfolgestrategie gehört zu den bekanntesten Anlagestrategien und kann prinzipiell auf alle Märkte angewendet werden. Die Grundidee ist, dass erkannte Trends noch eine Weile anhalten. Es kann sich also lohnen, auch dann noch einzusteigen, wenn die Entwicklung bereits im Gange ist. Ein wichtiges Instrument zur Erkennung von Trends ist die Chartanalyse. Das Problem dabei: Während Experten und erfahrene Anleger mit ihren Instrumenten solche Trends recht frühzeitig entdecken und entsprechend Gewinne mitnehmen können, ist die Party eigentlich schon vorbei, wenn die Massenmedien darüber berichten. Wird eine Aktie oder ein Unternehmen in Massenmedien wie der *BILD*-Zeitung vorgestellt, ist fast davon auszugehen, dass die Aktie oder die Branche bereits auf dem Zenit steht und die Chancen hoch sind, dass sich die Kurse ab jetzt in die andere Richtung entwickeln.

- Die Index-Strategie ist eine passive Strategie, bei der ein Aktienindex wie der DAX oder der Dow Jones nachgebildet wird. Dies wird durch Anlageprodukte wie ETFs ermöglicht.

Rund um Anlagestrategien gibt es viele Sprichwörter und Börsenweisheiten, die mal mehr und mal weniger zutreffen. Indes ist die Geschichte der Börsen auch inzwischen so lang, dass nahezu jedes Szenario schon einmal da war – also auch nahezu jede Weisheit wenigstens einmal zutreffen musste. Und so landen diese Strategien auch regelmäßig in der Presse auf dem Prüfstand.

Etwa die „Dog of the Dow": Die Strategie basiert auf der Auswahl der schlechtesten Aktien des Vorjahres der Dow-Jones-Unternehmen mit den daher auch häufig höchsten Dividendenrenditen. Diese Unternehmen werden als „Dogs" bezeichnet. Die Idee hinter den „Dogs of the Dow" ist, dass Unternehmen mit hohen Dividendenrenditen im Vergleich zum Aktienkurs möglicherweise unterbewertet sind und sich in einer vorübergehenden Schwächephase befinden. Was zu einem niedrigeren Aktienkurs führt und die Dividendenrendite nach oben treibt. Die Auswahl der „Dogs of the Dow" erfolgt in der Regel einmal im Jahr. Anschließend werden die ausgewählten Aktien für das kommende Jahr gehalten.

Im Zusammenhang mit der Entwicklung einer Strategie möchte ich noch einige Bemerkungen zu „Moden" in der Finanzindustrie machen. Ebenso, wie Sie den Ratschlägen der Berater oder Verkäufer in einer Bank mit Vorsicht begegnen sollten, ist zu bedenken, dass Brokerage-Unternehmen, Anlage-Apps oder Plattformen keine gemeinnützigen Unternehmen sind: Sie müssen Geld verdienen. An Ihnen. Aus Sicht eines Brokers ist der ideale Kunde jemand, der regelmäßig Wertpapiere kauft und verkauft, und das möglichst oft. Denn daran verdient die Plattform. Daher stammen die vielen Newsletter, Blogbeiträge und Artikel in Zeitschriften, die unterschwellig immer die Frage stellen, ob die aktuelle Anlagestrategie noch passt und ob es anderswo bessere Renditen gibt.

Für diejenigen unter Ihnen, die sich schon vor längerer Zeit vom Sparer zum Investor entwickelt haben, sind Moden im Bereich der Geldanlage keine neue Erscheinung. Das Problem ist nur, dass über die Fehlschläge nicht berichtet wird. Dadurch fehlt der neuen Generation von Anlegerinnen und Anlegern diese Erfahrung. Interessanterweise scheint mit der oft beklagten Beschleunigung unseres Alltags auch eine kürzere Lebensdauer von Moden einherzugehen. Es gibt immer wieder einzelne Unternehmen oder Branchen, die das Interesse der Investoren wecken und zu steigenden Kursen führen. Dem ist nichts entgegenzusetzen, wenn man das Geld übrig hat, um auch zu spekulieren. Die Kunst besteht jedoch darin, rechtzeitig auszusteigen. Die Geschichte kennt auch spektakuläre Abstürze: Infineon, Telekom, Qualcomm und Nokia sind nur einige prominente Beispiele für Unternehmen, deren Börsendebüt fulminant war oder die als ‚sichere' Aktien galten, weil sie den Markt dauerhaft verändern sollten.

Und wer erinnert sich schon daran, dass Apple heute als eines der weltweit wertvollsten Unternehmen gehandelt wird und auf dem besten Weg war, zu einem „Penny Stock" zu werden, und letztendlich nur durch eine Investition eines Konkurrenten gerettet wurde. Microsoft hatte 150 Millionen Dollar investiert, aus Angst davor, vom eigenen Kartellrecht zu stark reguliert zu werden.[8] Diese finanzielle Unterstützung ermöglichte es Apple, in neue Produkte zu investieren, die dann zum heutigen Erfolg führten.

Einige von Ihnen werden sich vielleicht an die „Dotcom-Blase" um die Jahrtausendwende erinnern. Damals genügte es fast, wenn ein Unternehmen schrieb, es plane, „irgendetwas" mit dem Internet zu machen, und schon standen die Investoren Schlange. Solche Tendenzen lassen sich auch beim Verfassen dieses Manuskripts feststellen. Vor etwa zwei Jahren waren Unternehmen, die die Blockchain-Technologie nutzen wollten, ein ‚sicherer' Tipp – nach

---

8   Siehe u. a. www.deutschlandfunk.de/biss-in-den-apfel-microsoft-steigt-bei-erzrivalen-apple-ein-100.html.

vielen Problemen dort scheinen sie nicht mehr so sicher zu sein. Derzeit gehört nach Meinung vieler Autoren die Zukunft den Unternehmen, die sich mit der Entwicklung künstlicher Intelligenz (KI/AI) beschäftigen – wird sich da auch eine „KI-Blase" entwickeln?

Um es klar zu sagen: Bei der Entwicklung einer Strategie gibt es viel zu beachten, und auch die persönlichen Lebensumstände müssen berücksichtigt werden. Um eine Strategie sinnvoll umzusetzen, benötigen Sie und Ihr Berater auch die passenden Werkzeuge und Zugang zu Anlageformen, die der Strategie entsprechen.

4.6   Es müssen ja nicht immer Aktien sein

Aktien werden vermutlich von vielen nahezu als Synonym für Wertpapiergeschäfte gesehen, auch wenn längst nicht jeder Anleger die Chancen nutzt, die sich an der Börse bieten. Beliebt sind auch Fondsanteile, die gemeinsam haben, dass sie sich nicht nur auf eine bestimmte Aktie oder ein bestimmtes Asset konzentrieren, sondern beispielsweise Aktien verschiedener Unternehmen einer Branche oder Region halten. Dadurch streuen Anleger ihr Risiko. Es gibt in Deutschland schätzungsweise über 10.000 zugelassene Fonds. Nahezu jede größere Bank in Deutschland, ebenso wie Sparkassen und genossenschaftliche Institute, besitzen eigene Fondsgesellschaften, die solche Papiere herausgeben.

Die Anteile, die Sie über diesen Weg erhalten, gehören zur Gattung der sogenannten offenen Fonds.

Offen heißen diese Investmentfonds, weil Anleger jederzeit Anteile kaufen oder verkaufen können. Sie sind also flexibel und können im Zweifelsfall schnell an Liquidität gelangen. Solche offenen Fonds (auch als Publikumsfonds bezeichnet) investieren in der Regel in eine breite Palette von Vermögenswerten wie Aktien, Anleihen, Immobilien oder Rohstoffen. In den Fondsgesellschaften arbeiten Fondmanager, die die Fonds aktiv betreuen und sich im

Hintergrund um den Kauf und Verkauf der Vermögenswerte kümmern, damit der Wert der Fondsanteile steigt.

Letzteres ist im Grunde auch eine der Schwachstellen eines Fonds, die sich auch auf das Risiko auswirkt. Denn die Wertsteigerungen eines Fonds hängen wesentlich vom Fondsmanagement ab. Investiert es die Kundengelder zum falschen Zeitpunkt oder in die falschen Branchen, kann die Performance des Fonds hinter dem Markt zurückbleiben. Sie erzielen also eine geringere Rendite und kommen beim Vermögensaufbau nicht richtig voran.

Es gibt noch eine zweite Kategorie von Fonds: „Geschlossene Fonds" stehen im Ruf, einerseits sehr riskant zu sein und andererseits für etwas, das nur für die „Superreichen" geeignet ist. Beides sind jedoch gut genährte Vorurteile. Institutionelle Anleger wie Versicherungen, Banken oder Pensionskassen nutzen dieses Vehikel fast ausschließlich.

Richtig ist allerdings, dass die Einmalanlage in einen geschlossenen Fonds im Vergleich zu offenen Fonds in der Regel höher ist. Während Sie bereits für 100 Euro Anteile eines offenen Fonds direkt über einen Broker, Ihren Finanzberater oder die Bank erhalten können, erfordern geschlossene Fonds etwas größere Beträge, in der Regel ab 10.000 Euro.

Das hat jedoch nichts damit zu tun, dass es bei geschlossenen Fonds um Exklusivität geht, sondern vielmehr darum, dass sie einem bestimmten Zweck dienen oder ein Vorhaben finanzieren sollen. Daher kommt übrigens auch der ursprüngliche Name.

Einige Beispiele für geschlossene Fonds sind:

- Immobilienfonds: Geschlossene Immobilienfonds investieren in gewerbliche oder private Immobilienprojekte, wie zum Beispiel Bürogebäude, Einkaufszentren oder Wohnanlagen.
- Private-Equity-Fonds: Diese geschlossenen Fonds investieren in nicht börsennotierte Unternehmen. Sie bieten Anlegern die

Möglichkeit, in Unternehmen in verschiedenen Entwicklungs-phasen zu investieren, von Start-ups bis hin zu etablierten Unternehmen.

- Schiffsfonds: Geschlossene Schiffsfonds investieren in den Kauf und Betrieb von Schiffen, wie Containerschiffen, Tan-kern oder Kreuzfahrtschiffen, sind heute aber nicht mehr sonderlich gefragt.
- Erneuerbare-Energien-Fonds: Diese geschlossenen Fonds investieren in erneuerbare Energieprojekte wie Windparks, Solarkraftwerke oder Biomasseanlagen.
- Logistikfonds: Diese geschlossenen Fonds investieren in Aus-rüstungsgegenstände wie Container, Wechselkoffer, Tank- und Schüttcontainer auf der Straße oder Schiene.

Gegen die Direktinvestition in einen geschlossenen Fonds spricht viel, sofern Sie sich keinen professionellen Rat einholen. Denn die Prospekte zu geschlossenen Fonds sind aufgrund der gesetzlichen Regelungen und Anlegerschutzrichtlinien recht komplex und um-fangreich. Und hier kommt dann der unabhängige Rat eines Experten ins Spiel, der eben auch das Kleingedruckte analysiert und versteht.

Geschlossene Fonds operieren in weiten Teilen losgelöst vom Ge-schehen an der Börse und sind somit auch nicht von den wechsel-haften Kursen abhängig. Stattdessen geht es um konkrete Vorhaben mit einem eigenen Geschäftsmodell dahinter. Das bedeutet indes nicht, dass geschlossene Fonds im ‚luftleeren Raum‘ schweben. Fi-nanziert der Fonds etwa eine Lagerhalle für Privatkunden, besteht das Risiko, dass dieses Angebot auf zu wenig Interesse stößt. Oder der über den Fonds finanzierte Bürokomplex findet keine Mieter. Das schlägt natürlich auf die Rendite. Andererseits machen sich Verluste steuerlich bemerkbar und können bedingt auch vorteilhaft sein.

Kennzeichnend für geschlossene Fonds ist, dass die Zahl der aus-gegebenen Anteile begrenzt ist. Und wenn Sie sich die Liste der ge-rade erwähnten Vorhaben ansehen, ist auch klar, warum ein Anteil eines Fonds, der zum Beispiel ein ganzes Schiff bauen will, einfach teuer sein muss. Und was haben Sie nun davon?

Die Rendite bei geschlossenen Fonds erwächst aus den potenziellen Erträgen, die durch die Investition in die Vorhaben oder Vermögenswerte generiert werden:

- Die Rendite kann aus Mieteinnahmen und dem Verkauf von Immobilien generiert werden.
- Oder Sie partizipieren am Verkauf von Beteiligungen an nicht börsennotierten Unternehmen oder am Börsengang selbst.

Wenn Sie in den Medien beispielsweise über die Gründung neuer Start-ups aus dem Finanzbereich lesen, die als FinTechs (Kurzform von „Financial Technology") oder InsurTechs (Kurzform von „Insurance Technology") bezeichnet werden, stehen dahinter häufig Wagniskapitalfirmen (VC-Kapitalfirmen), die ihr Geld aus einem oder mehreren geschlossenen Fonds beziehen.

Damit kommen wir zum Punkt und sprechen über die Risiken, die mit geschlossenen Fonds einhergehen. Im schlimmsten Fall bleiben die Renditen hinter den Prognosen zurück, weil beispielsweise die finanzierten Immobilien nicht gefragt sind oder nicht ausreichend vermietet werden können.

Um eine sinnvolle Entscheidung treffen zu können, benötigen Sie eine solide Finanzberatung. In der Regel ist der lukrative Zugang zu einer Anlageklasse bereits verpasst, wenn über bestimmte geschlossene Fonds berichtet wird. Zum Beispiel haben sich vor einigen Jahren einige Fonds mit dem Thema Self-Storage-Lagerhäuser beschäftigt. Die Entwicklungsgesellschaften brachten ein bereits im Ausland bekanntes Konzept auch nach Deutschland. Es gibt jetzt eine Vielzahl solcher Lagerhäuser in Großstädten und Ballungsräumen. Entsprechend gering dürfte die Rendite sein, wenn ein Fonds heute in dieses Segment investieren würde, um ein weiteres Gebäude zu errichten.

Seien Sie also vorsichtig mit den ‚guten Tipps' von Nachbarn und Kollegen – es kann lange gedauert haben, bis ein (Halb-)Wissen dahin gesickert war. Vertrauen Sie lieber Ihrem Finanzberater, der den Markt besser kennt und einschätzen kann, ob geschlossene Fonds zu Ihrem Anlegerprofil passen und ob ausreichend Kapital zur Verfügung steht. Geschlossene Fonds sind nicht geeignet, wenn kurzfristig Liquidität benötigt wird, da das Geld für einen bestimmten Zeitraum gebunden ist und der Verkauf von Anteilen aufgrund eines kleineren Investorenkreises Schwierigkeiten bereiten kann. Die Investition in geschlossene Fonds erfordert eine gründliche Beratung.

Wenn Sie sich professionelle Unterstützung suchen, brauchen Sie indes weniger Sorge mehr davor zu haben, ‚Glücksrittern' oder ‚Wegelagerern' in die Hände zu fallen. Diese negativen Zuschreibungen stammen meist noch aus der Zeit, als tatsächlich sehr windige Geschäftsideen vermarktet wurden, die primär das Geld der Investoren einsammeln sollten. Heute ist auch dieser Markt durch das BaFin (Bundesanstalt für Finanzdienstleistungsaufsicht, www.bafin.de) analog den offenen Fonds ein regulierter (kontrollierter) Markt.

4.7 Hebelprodukte haben schon so manchen ruiniert

Viele Anlegerinnen und Anleger haben inzwischen von Aktien, Fonds oder ETFs gehört. Das trifft jedoch nicht auf sogenannte Hebelprodukte zu. Dies liegt auch daran, dass Hebelprodukte ein breites Spektrum von Finanzprodukten umfassen und daher eine allgemeine Begriffsklasse sind. Der Name dieser Produktkategorie leitet sich von der Hebelwirkung (Leverage-Effekt) ab. Die Position, mit der Sie am Finanzmarkt agieren, ist deutlich größer als Ihr Einsatz. Das bedeutet jedoch auch, dass selbst geringfügige Kursveränderungen einen erheblichen Einfluss haben können.

Hebelprodukte unterliegen bestimmten Trends. Die Finanzindustrie entwickelt kontinuierlich neue Anlageklassen und Produkte. In der Regel handelt es sich dabei um „Derivate". Derivate sind Finanzinstrumente, deren Preise und Werte von einer zugrunde liegenden Anlageklasse abgeleitet werden. Sie handeln also nicht direkt mit der Anlageklasse selbst. Anstatt beispielsweise eine Kryptowährung zu kaufen und zu halten, ermöglicht Ihnen der Finanzmarkt, an den Renditechancen des Marktes teilzuhaben, ohne tatsächlich eine digitale Währung zu besitzen.

Derivate erlauben es Anlegern, auf die zukünftige Wertentwicklung von Vermögenswerten wie Aktien, Anleihen, Rohstoffen, Währungen und Indizes zu spekulieren. Oder umgekehrt, sich gegen Marktentwicklungen abzusichern. Das war auch der ursprüngliche Zweck dieser Produkte, Absicherung!

Bevor ich Ihnen ein Hebelprodukt anhand eines konkreten Beispiels vorstelle, möchte ich zwei wichtige Hinweise geben. Erstens, der wichtigste Punkt, der auch den Titel dieses Kapitels erklärt: Hebelprodukte sind komplexe Finanzinstrumente. Sogar Experten haben manchmal Schwierigkeiten, die Produktdetails genau zu verstehen und abzuschätzen, welche potenziellen Risiken sie bergen. Daher sollten Hebelprodukte nur von erfahrenen Anlegern oder noch besser von Profis gehandelt werden. Ursprünglich wurden sie auch für diese Zielgruppe entwickelt.

Derivate versprechen in der Regel eine hohe Rendite. Aber, und damit komme ich zum zweiten Hinweis, den ich noch einmal betonen möchte: Hohe Renditechancen gehen immer mit einem höheren Risiko einher. Und die Hebelwirkung von Hebelprodukten kann im ungünstigen Fall zu erheblichen Verlusten führen.

So funktioniert es:

1. Anstatt den vollen Wert einer Position zu bezahlen, hinterlegt der Anleger lediglich einen Bruchteil des Gesamtwerts als

Sicherheitsleistung (Margin). Der Anbieter leiht dem Anleger also Geld und erhebt dafür eine Gebühr.

Ein Rechenbeispiel: Sie investieren 1.000 Euro mit einem Hebel von fünf bei einem Broker. Dieser eröffnet für Sie eine Position im Wert von 5.000 Euro. Der Broker sichert sich anderweitig ab, um Ihnen im Erfolgsfall den fünffachen Gewinn auszahlen zu können.

2. Der Anleger eröffnet eine Position, indem er ein Hebelprodukt kauft oder verkauft. Dabei kann er auf steigende oder auf fallende Kurse spekulieren.
3. Wenn sich der Preis des zugrunde liegenden Vermögenswerts wie erwartet verändert, steigt oder fällt der Wert der Position überproportional. Der Hebel multipliziert die Gewinne oder Verluste im Vergleich zur ursprünglichen Margin.

Viele Anlegerinnen und Anleger vernachlässigen aufgrund der Faszination für die Hebelwirkung, dass sie auch das Risiko von Verlusten tragen. Wenn die Verluste die hinterlegte Sicherheitsleistung übersteigen, kann der Anleger aufgefordert werden, zusätzliches Kapital (Margin Call) einzuzahlen, um die Position offenzuhalten. Andernfalls kann die Position automatisch geschlossen werden. Sie sollten den Hinweis am Anfang nicht vergessen: Der Anbieter hat Ihnen Geld geliehen, und Sie müssen den Verlust Ihrer Position ausgleichen.

Auf den Websites, die Hebelprodukte an private Anlegerinnen und Anleger verkaufen, finden sich deutliche Warnhinweise, die auf das Risiko eines Totalverlustes hinweisen.

Beispiele für solche Hebelprodukte sind unter anderem:

- Knock-out-Zertifikate ermöglichen dem Anleger, von Kursbewegungen eines Basiswerts zu profitieren. Sobald der Kurs des Basiswerts ein bestimmtes Niveau (Knock-out-Schwelle) erreicht oder überschreitet, verfällt das Zertifikat wertlos.

- Optionsscheine sind Wertpapiere, die dem Inhaber das Recht einräumen, den Basiswert zu einem festgelegten Preis (Ausübungspreis) bis zu einem bestimmten Zeitpunkt (Verfallsdatum) zu kaufen oder zu verkaufen.
- Futures und CFDs („Contracts for Difference") erlauben es, auf steigende oder fallende Kursbewegungen von Indizes, Währungen, Rohstoffen oder anderen Basiswerten zu spekulieren.

Neben Hebelprodukten erhalten viele Anlegerinnen und Anleger auch den Tipp von Freunden und Bekannten, „long" oder „short" in Aktien zu gehen. Dahinter verbirgt sich die Strategie des sogenannten Leerverkaufs. Diese Strategie ist nicht verwerflich, erfordert jedoch viel Erfahrung und kann Lehrgeld kosten. Wie bei Derivaten erfordert auch der Leerverkauf eine höhere Risikobereitschaft und sollte nur eingesetzt werden, wenn ausreichende Liquidität vorhanden ist, um mögliche Verluste verkraften zu können.

Der in den Medien oft zitierte Leerverkauf funktioniert folgendermaßen:

1. Der Anleger leiht sich die gewünschten Wertpapiere von einem anderen Anleger oder einer Bank.
2. Er verkauft diese geliehenen Papiere zum aktuellen Preis.
3. Zu einem vereinbarten Zeitpunkt möchte der Verleiher seine Papiere zurück. Der Anleger muss nun die Papiere zum aktuellen Kurs beschaffen.
4. Anschließend gibt er die Papiere zurück und zahlt dem Verleiher in der Regel auch eine Leihgebühr.

Der Sinn dieser Vorgehensweise besteht darin, dass der Anleger von fallenden Kursen der Wertpapiere profitiert (was beim Leerverkauf in der Regel der Fall ist). Wenn der Anleger die Wertpapiere zu einem niedrigeren Preis zurückkauft, als er sie verkauft hat, erzielt er einen Gewinn. Im Falle des Leerverkaufs können jedoch auch Verluste entstehen, wenn der Kurs der verkauften Wertpapiere statt zu fallen, wie erwartet, steigt.

Dieses „Shorten" kann nicht nur bei Aktien, sondern auch bei anderen Wertpapieren und Derivaten angewendet werden.

Meine klare Empfehlung: Lassen Sie als Privatanleger die Hände davon. Selbst, wenn Sie sich in die Thematik eingearbeitet und die Mechanismen verstanden haben, können Sie dieses Spiel nicht gewinnen. Um es mit einem Alltagsbeispiel zu illustrieren: Kämen Sie auf die Idee, mit Ihrem Führerschein und Ihrer Fahrpraxis den Versuch zu starten, einen aktuellen Formel-1-Boliden auf einer Rennstrecke zu bewegen und selbst wenn, wie wären Ihre Chancen, auch nur gegen den allerletzten Fahrer in der F1 zu bestehen? Das hat nichts mit Risikoverhalten oder Anlagestrategien zu tun. Wenn Sie sich nicht täglich, stundenlang und das über viele Jahre mit dem Thema beschäftigen, bleiben Sie chancenlos.

4.8   Immobilien als Direktinvestment

Historisch betrachtet sind Immobilien attraktive Investitionen, die langfristig zum konservativen Vermögensaufbau beitragen. Als wertbeständige Anlageobjekte haben Immobilien schon immer eine zentrale Rolle gespielt. Nur wenige andere Anlageformen bieten vergleichbare Sicherheit und Schutz vor Vermögensverlusten durch Inflation.

Immobilien als eigenständige Anlageklasse mit einem interessanten Rendite-Risiko-Verhältnis sind vergleichsweise unabhängig von den Entwicklungen auf den Kapitalmärkten. Langfristig zeigen sie geringe Wertschwankungen und bieten einen stabilen Ertrag

4.8.1 Arten von Immobilien(-investments)

Der Begriff „Immobilie" wird in der Rechts- und Wirtschaftssprache genutzt und bezieht sich auf unbewegliches Sachgut, einschließlich Grundstücken, grundstücksgleichen Rechten oder Bauwerken. Verschiedene Unterkategorien differenzieren Immobilien je nach ihrer Nutzung:

- Wohnimmobilien: Gebäude oder Gebäudeteile, die ausschließlich oder vorwiegend für Wohnzwecke genutzt werden, z. B. Wohnanlagen, Eigentumswohnungen, infamilien- und Mehrfamilienhäuser. Hier gibt es noch die Unterscheidung zwischen Neubau und Bestandsimmobilien.
- Sozialimmobilien: Gebäude für soziale Infrastruktur, die die Gesamtbevölkerung unterstützen, z. B. Krankenhäuser, Pflegeeinrichtungen, Schulen und Erholungsstätten.
- Spezialimmobilien: Gebäude, die für eine spezifische, besondere Nutzung konzipiert und betrieben werden, z. B. Bahnhöfe, Kraftwerksgebäude, Hotels.
- Gewerbeimmobilien: Gebäude oder Gebäudeteile, die ausschließlich oder vorwiegend für gewerbliche Zwecke genutzt werden, z. B. Büro- und Handelsimmobilien.
- Renditeimmobilien oder Anlageimmobilien: Gewerbe- oder Wohnimmobilien, die ausschließlich zur Erzielung einer Kapitalverzinsung (Mietrendite) dienen und nicht für die Eigennutzung vorgesehen sind.
- Denkmalimmobilie: Historisch bedeutsame Gebäude, die nicht nur einzigartige architektonische Merkmale bieten, sondern auch von erheblichen steuerlichen Vorteilen profitieren können.

4.8.2 Immobilieninvestment: Bestandsimmobilie

Wenn Sie sich für den Erwerb einer Bestandsimmobilie interessieren, sind einige Faktoren für die Auswahl bedeutsam. Diese sind nachfolgend erklärt.

Preis-Leistungs-Verhältnis:
Der Kaufpreis ist im Vergleich zur vorhandenen Bausubstanz und Ausstattung angemessen und bietet ein attraktives Verhältnis. Teilen Sie

$$\frac{Kaufpreis}{Jahresmiete} = Faktor$$

Damit lassen sich unterschiedliche Immobilienangebote gut einschätzen: Je kleiner der Faktor ausfällt, umso schneller amortisiert sich der Kaufpreis durch die Mieteinnahmen.

Mikrolage bekannt, keine Neubau-Ghetto-Bildung:
Die Lage der Immobilie ist gut etabliert und weist keine Anzeichen von sozialen Problemen oder Vernachlässigung auf. Die Umgebung ist stabil, was langfristig positive Auswirkungen auf den Wert der Immobilie haben kann.

Bestehende Mieter:
Die Tatsache, dass die Immobilie bereits Mieter hat, gibt Anzeichen für Stabilität und regelmäßige Mieteinnahmen. Dies minimiert das Leerstandsrisiko und bietet eine sofortige Einnahmequelle.

Drei bis fünf Prozent Mietertrag:
Die erwartete Rendite aus den Mieteinnahmen liegt im Bereich von drei bis fünf Prozent, was auf eine solide Investition hindeutet. Die Formel dazu lautet einfach:

$$\frac{\text{Kaufpreis}}{\text{Jahresnettokaltmiete}} \times 100$$

Hohe Eigenkapitalrendite:
Die Eigenkapitalrendite, die sich aus dem Verhältnis der jährlichen Nettoeinnahmen zum investierten Eigenkapital ergibt, liegt bei etwa zehn Prozent, was auf eine rentable Investition hinweist (diese kann nur mithilfe von Programmen ermittelt werden).

Attraktive Lagen:
Es sind nicht immer die Hotspots (Oberzentren) mit den besten Lagen gleichzusetzen, Mittelzentren bieten häufig bessere Gelegenheiten.

8.1.3 Immobilieninvestment: Denkmalimmobilie

Viele Investoren schreckt der Gedanke ab, eine denkmalgeschützte Immobilie zu erwerben. Das liegt an der Sorge vor den baulichen Vorschriften. Das Objekt kann nicht ganz so einfach an die eigenen Vorstellungen angepasst werden. Es kann aber durchaus attraktiv sein, Geld in den Erwerb zu stecken.

Dauerhafte hohe Denkmalabschreibung = Steuersubvention der Immobilie:
Denkmalgeschützte Immobilien können von erheblichen Steuervorteilen in Form von Denkmalabschreibungen profitieren. Diese steuerlichen Anreize tragen dazu bei, die Investitionskosten zu reduzieren und die Eigenkapitalrendite auf eine zweistellige Rendite zu verbessern. Bei 14 Prozent Eigenkapitalrendite geht im Vergleich jedem Aktienfonds die Puste aus.

Toplagen in historisch bedeutsamen Gebieten:
Denkmalimmobilien befinden sich oft in erstklassigen Lagen mit
historischer Bedeutung. Diese Standorte können einzigartige kul-
turelle und architektonische Merkmale bieten und ziehen daher
potenziell eine gehobene Käuferschaft an.

Einzigartiges historisches Flair und Charme:
Der besondere Reiz von Denkmalimmobilien liegt in ihrem historischen Charakter und einzigartigen Flair. Dies kann nicht nur
zu einem höheren Wiederverkaufswert führen, sondern auch die
Attraktivität für Mieter erhöhen.

Beachtliche Wertsteigerungspotenziale:
Aufgrund ihrer begrenzten Verfügbarkeit und des historischen
Werts können Denkmalimmobilien im Laufe der Zeit erhebliche
Wertsteigerungen erfahren, insbesondere wenn Investitionen in
Restaurierung und Pflege getätigt werden.

Erhaltung von Kulturgut und Geschichte:
Durch den Erwerb einer Denkmalimmobilie unterstützen Investoren die Erhaltung des kulturellen Erbes und historischer Gebäude. Dies kann nicht nur persönliche Befriedigung bieten, sondern auch positive PR und öffentliche Anerkennung generieren.
Kombination aus Denkmalschutz und modernem Wohnkomfort:
Viele Denkmalimmobilien wurden sorgfältig restauriert, um den
Denkmalschutzauflagen zu entsprechen, bieten jedoch gleichzeitig
modernen Wohnkomfort. Diese Kombination kann die Attraktivität
für potenzielle Mieter und Käufer steigern.

Beachtung der besonderen Anforderungen und Auflagen des
Denkmalschutzes:
Bei Denkmalimmobilien müssen besondere Anforderungen und
Auflagen des Denkmalschutzes beachtet werden. Dies erfordert oft

eine spezialisierte Expertise und zusätzliche Investitionen, sollte jedoch als integraler Bestandteil der Investitionsentscheidung betrachtet werden.

Leverage:
Was sonst als wenig ratsam erachtet wird – hier sind sich alle einig. Immobilien sollte man nicht bar kaufen, es darf/sollte finanziert werden.

Mein Tipp: jedoch nicht mehr als den Kaufpreis; Nebenkosten bitte aus Eigenkapital. Die Zinsen dürfen steuerlich geltend gemacht werden.

Zusammengefasst

Das Immobilienthema füllt aktuell wohl ganze Bibliotheken. Es ist schlicht unmöglich, hier im Buch alle Aspekte zu erwähnen – aber ich verweise auf das Verzeichnis weiterführender Literatur im Angang.

Neben dem passiven Immobilieninvestment bildet das Asset „Fremdgenutzte Wohnung/Haus" bei fast allen Beratungen den CORE, also den Kern der Core-Satellite-Strategie. Diese Kapitalanlage, nicht die eigengenutzte Immobilie, ist das Fundament und der Ruhepol eines jeden Vermögensaufbaus. Menschen wurden wohlhabend mit dem, was sie beruflich machten, reich indes wurden sie mit Immobilien!

Das Problem: Die meisten Anleger und Anlegerinnen stehen sich selbst im Weg, weil sie die grundlegende Regel beim Immobilienkauf vernachlässigen. Und ich schließe mich hier auch mit ein. Auch wenn Sie BWL studiert haben und meinen, Sie „haben's drauf". Wie lautet doch gleich noch mal die erste Regel beim Immobilienkauf? Lage, Lage, Lage!

Und die zweite Regel? Lage, Lage, Lage! – und zum jetzigen Zeitpunkt zumindest: energetischer Erhaltungszustand. Die unter

Gesichtspunkten der Rendite erfolgversprechendsten Immobilien liegen vielleicht weit entfernt in einer anderen Stadt, Gemeinde oder Bundesland.

Und was fragen 99 Prozent aller Mandanten in den ersten Beratungsgesprächen zu diesem Thema? Die erste Frage lautet: „Gibt es nicht was in der Nähe zu kaufen?" Der Gedanke ist zunächst ja nicht schlecht, aber es geht um ein Investment, das sich rentieren soll! Da geht es wenig um die Nähe zum Käufer, sondern um die Vorteile von Lage und energetischem Erhaltungszustand.

Und was Sie auch nicht wirklich wollen, ist, den Mieter kennenzulernen. Klingt hart, ist aber besser so – denn, Sie machen sonst vielleicht Zugeständnisse, welche Sie im Nachgang bereuen. Gönnen Sie sich am besten für jeweils ca. 20 bis 25 Euro im Monat neben der Hausverwaltung eine Sondereigentumsverwaltung. Diese kümmert sich um die Anfragen des Mieters. Glauben Sie mir aus eigener Erfahrung: Besser können Sie Ihr Geld nicht investieren.

4.9 Erst Konzept und Strategie führen zu einem Vermögen

In diesem Kapitel haben Sie bereits eine Reihe von Produkten und Produktkategorien kennengelernt, die der Anlagemarkt bietet. Tatsächlich gibt es jedoch noch viele weitere, da Kapitalgesellschaften, Banken und Finanzdienstleister ständig nach Innovationen suchen.

Jetzt könnten Sie sich fragen: „Wenn ich bereits die Instrumente, die mir beim Vermögensaufbau helfen können, kenne – warum brauche ich dann noch einen Finanzberater?" Da kann ich nur mit einem Vergleich antworten: „Wenn Ihnen jemand einen vollen Werkzeugkoffer und Links zu YouTube-Videos gibt, trauen Sie sich dann zu, eine beschädigte Tür an einem Auto auszubeulen? Selbst wenn Sie es versuchen, glauben Sie, dass das Ergebnis genauso gut aussehen wird wie bei einem Profi? Mal ganz abgesehen davon, dass Sie wahrscheinlich viel länger dafür brauchen werden. Ich erinnere mich noch: ‚Jetzt helfe ich mir selbst' war der Titel einer in den 1970er- und 80er-Jahren beliebten Buchreihe, die sich mit Reparaturen und Wartungsarbeiten für verschiedene Fahrzeugmodelle beschäftigte. Am Ende waren es jedoch oft die Fachleute in den Werkstätten, die zurate gezogen wurden, wenn die Anleitungen an ihre Grenzen stießen – und genau so wäre es mit der Geldanlage und dem Vermögensaufbau."

Die Antwort lautet also: „Ja, Sie brauchen neben Internettutorials, Büchern und Videos immer noch einen Finanzberater wie mich. Denn da kommen aktuelles Wissen und langjährige Erfahrung zusammen, Kniffe und Tipps, Produkt- und Menschenkenntnis. Jemand wie ich kennt nicht nur die Instrumente sehr umfassend und gründlich, sondern weiß auch, wie man sie einsetzt und kombiniert."

Gute, seriöse und renditestarke Produkte bilden die Basis für den Vermögensaufbau. Einige dieser Produkte sind auch nur über Finanzberater erhältlich, unabhängig von der Sparte.

Dazu kommt eine Strategie für den Vermögensaufbau und die Vorsorge, die zu Ihnen, Ihrer aktuellen Situation, Ihrer Risikobereitschaft und Ihren Zielen passt. Letztendlich geht es darum, den Plan (Strategie) und die Instrumente (Anlageformen) zu einem Konzept zu vereinen. Hier gibt es kein Patentrezept – das ist eine hochindividuelle Leistung; und eine, die Verantwortungsgefühl erfordert.

4.9.1 Konzepte – kein „One fits all"!

In einem solchen Konzept werden die verschiedenen Vor- und Nachteile einer Lösung gegeneinander abgewogen. Ein Beispiel: Baufinanzierung.

Die meisten von uns sind mit der Vorstellung aufgewachsen, dass Schulden etwas Unangenehmes sind. Daher entscheiden sich viele für eine Finanzierung mit einer besonders hohen Tilgungsrate, um das Darlehen schneller zurückzuzahlen. Dies entspricht auch den

Interessen der Bank. Denn je mehr die Darlehensnehmer bereits zurückgezahlt haben, desto besser wird aus Sicht der Bank der Beleihungsauslauf und damit der Wert, den die Bank in ihrer Risikobetrachtung berücksichtigen muss. Schließlich erreicht man den Punkt, an dem die Bank sicher sein kann, noch ausstehendes Geld durch Verwertung der Immobilie zu erhalten.

Grundsätzlich ist eine schnelle Tilgung nicht falsch. Aber im Rahmen eines schlüssigen Finanzkonzepts kann es sinnvoll sein, lediglich die Mindesttilgung zu vereinbaren. Denn so können Sie das gesparte Geld zu einer höheren Rendite anlegen, die es Ihnen ermöglicht, den fälligen Betrag am Ende zurückzuführen. Ob das in Ihrem konkreten Fall so ist, muss jedoch in Ruhe berechnet werden. Ein klarer Fall für den Experten.

Oder nehmen wir den Aktienhandel: Wenn Sie als Privatperson Aktien kaufen, um Erträge zu erzielen, wird bekanntermaßen die Kapitalertragssteuer fällig. Das bedeutet, dass mindestens 25 Prozent der Kapitalerträge abgeführt werden müssen (zum Zeitpunkt der Drucklegung dieses Buches). Wussten Sie, dass eine GmbH dagegen nur etwa 1,5 Prozent Steuern auf solche Kapitalerträge zahlen muss? Es kann also sinnvoll sein, eine GmbH zu gründen, um sie für den Vermögensaufbau zu nutzen. Allerdings nur dann, wenn Sie eine Wachstumsstrategie verfolgen und nicht auf Dividenden setzen. In diesem Fall wäre eine solche vermögensverwaltende GmbH eher nachteilig. Ob sich eine Gesellschaft überhaupt lohnt, da deren Anmeldung und Verwaltung ebenfalls kostenintensiv sind, sollte ebenfalls von einem Experten berechnet werden. Oder geht nicht auch eine einfache, kostengünstige Lösung mit einer fondsgebundenen Rentenversicherung? Diese muss die Gewinne zunächst überhaupt nicht versteuern, Gewinne im Re-Balancing ebenfalls nicht. Kosten für Käufe und Verkäufe in den Fonds sind nur die jeweiligen Transaktionskosten; und darüber hinaus bildet eine fondsgebundene Rentenversicherung ein interessantes Vehikel, um größere Vermögen schenkungs- und erbschaftssteuerfrei zu übertragen.

Es ist vermutlich ein zu großes Wort dafür, aber eine umfassende Finanzberatung ähnelt in gewisser Hinsicht einem Kunstwerk. Auf jeden Fall ist eine gehörige Portion Kreativität erforderlich, um aus den verschiedenen Elementen eine wirklich runde Sache zu machen.

Die erste Beratung ist oft der Beginn einer gemeinsamen und langjährigen Reise. Gemeinsam mit den Kunden peilt ein Berater wie ich die vereinbarten Ziele an und legt den Kurs fest. Dabei gilt es, Wechselwirkungen, Laufzeiten von Darlehen und Auszahlungstermine aufeinander abzustimmen.

Dabei nutzen Experten wie ich natürlich auch Hebeleffekte. „Moment", werden Sie jetzt einwenden, „Sie haben doch vorhin eine deutliche Warnung zu Hebelprodukten ausgesprochen?" Ja, dazu stehe ich. Wer als Anfänger meint, schnell mit einem Hebelprodukt reich werden zu können, wird unweigerlich Schiffbruch erleiden. Aber im Kern besagt das Hebeln ja nichts anderes, als sich eine bestimmte Summe zu leihen und diese als Hebel für Investments zu benutzen. Ein Klassiker ist eine bereits finanzierte Wohnung. Wer diese gezielt beleiht, um dieses Geld als Eigenkapital in eine zweite Immobilie zu stecken, kann mit der Vermietung zusätzliches Einkommen generieren. Aber das klingt nur in der Theorie so einfach. Nur eine Finanzberaterin oder ein Finanzberater kann hier eine solide Kalkulation erstellen, die dafür sorgt, dass sich die Darlehen selbst tragen und alle steuerlichen Vorteile mitgenommen werden.

5. Aber sicher?! Nützliche und unnütze Versicherungen

5.1 Welche Versicherungen sinnvoll sind

Bei den eigenen Finanzen sollten Sie nicht nur den Vermögens-aufbau und die Altersvorsorge im Blick behalten, sondern auch das Risikomanagement – also Risiken durch Versicherungen minimieren.

Die Anzahl und Art der Versicherungen, die Sie abschließen möch-ten, hängt von Ihrer Risikobereitschaft und Lebenseinstellung ab. Sie können heutzutage so gut wie alles und jeden versichern – von Haustieren und teuren Fernsehern bis hin zum wertvollen E-Bike und dem eigenen Leben.

Es ist wichtig, diese Art der Vorsorge auch im Hinblick auf den Ver-mögensaufbau nicht zu unterschätzen. Durch einen kritischen Blick auf bestehende Verträge können Sie oft Geld sparen und so mehr Mittel für Investitionen zur Verfügung haben.

Im Folgenden werde ich Ihnen einige Versicherungen vorstellen, die meiner Meinung nach sinnvoll und teilweise auch unerlässlich sind. Wie bei anderen Finanzprodukten gibt es auch bei Versicherungen scheinbar ähnliche Produkte, die sich jedoch in Details unter-scheiden. Daher werde ich, wenn möglich, auch Vor- und Nachteile oder Besonderheiten einzelner Versicherungen erläutern. Diese Einschätzungen sollten jedoch nicht als abschließendes Urteil ver-standen werden, da die Vorsorge eine sehr individuelle Angelegen-heit ist. Ein Produkt kann für eine Person aufgrund ihrer Lebens-situation nicht geeignet sein, während es sich für eine andere Person sehr gut eignet.

5.2 Das Leben bleibt ein Risiko

Wie bereits erwähnt, bietet der Versicherungsmarkt für jeden er-denklichen Fall passende Policen. Die Branche ist äußerst kreativ und das Versicherungsgeschäft bleibt allgemein ein profitabler

Bereich. Wenn Sie über 30 Jahre hinweg Ihre Hausratversicherung treu bezahlt haben, jedoch glücklicherweise niemals Opfer von Diebstahl oder Elementarschäden wurden, ist der Versicherung eine beträchtliche Summe zugeflossen.

Möchten Sie sich gegen die Unannehmlichkeiten absichern, die mit verspäteten Flugankünften einhergehen? Dafür gibt es eine passende Versicherung! Liegen Ihnen Ihre Haustiere besonders am Herzen? Sie können eine Krankenversicherung für Ihre pelzigen Begleiter abschließen. Oder Sie können sich gegen das Risiko absichern, dass Ihr Computer von Hackern lahmgelegt wird.

Das sind nur drei Beispiele für Kategorien, die zum Zeitpunkt der Abfassung dieses Manuskriptes besonders gefragt sind.

Wenn Ihnen die Absicherung solcher Risiken die Investition in Prämien wert ist, möchte ich Sie nicht davon abhalten, eine entsprechende Versicherung abzuschließen. Allerdings sollten Sie nicht nur die Produktbeschreibung der Versicherungsgesellschaft (also die Vorderseite eines Vertrags) beachten, sondern auch die Feinheiten auf der Rückseite aufmerksam lesen. Denn hier finden sich oft Ausschlüsse oder Schadenssummenbegrenzungen. Wenn im Prospekt steht, dass es bei einer Verspätung „bis zu 100 Euro" gibt, bedeutet das auch nur „höchstens" und in der Regel eher weniger. Aber mal ehrlich, wer liest das Kleingedruckte? Wer vergleicht die einzelnen Klauseln? Auch unabhängige Berater können nicht all das Kleingedruckte in all den Produktbeschreibungen lesen, dafür gibt es Vergleichsprogramme, die Leistungsmerkmale gegenüberstellen und vergleichen. Das ist ein praktisches Verfahren, das Privatleuten sonst nicht so zur Verfügung steht.

Aber zurück zur Ausgangssituation: Wir müssen uns alle der Tatsache stellen, dass das Leben voller Risiken steckt und wir uns nicht gegen jede Eventualität versichern können. Dennoch gibt es eine Reihe von Produkten, die sinnvoll oder sogar gesetzlich vorgeschrieben sind. Und genau um diese Versicherungen geht es in diesem Kapitel.

5.3 PKV – ja oder nein?

Android oder IOS? Linux oder Windows? Mac oder klassischer PC? Sie fragen sich vielleicht, was diese Fragen in einem Finanzbuch zu suchen haben. Doch sie dienen als Beispiele für äußerst emotionale Debatten, in denen rationale Argumente kaum gewinnen und stattdessen Emotionen und subjektive Wahrheiten im Vordergrund stehen. Genauso ist es – im Rahmen der finanziellen Voraussetzungen – bei der Entscheidung zwischen einer gesetzlichen Krankenversicherung (GKV) und einer privaten Krankenversicherung (PKV).

Wie Sie wahrscheinlich wissen, hat der Gesetzgeber einige Hürden errichtet, bevor ein Arbeitnehmer in eine private Krankenversicherung wechseln darf. Bei Beamten und Selbstständigen gelten völlig andere Regelungen. An dieser Stelle möchte ich jedoch nicht näher auf diese Hürden eingehen. Während der Arbeit an diesem Buch ist die Lage so, dass Arbeitnehmer ein jährliches Bruttoeinkommen (oder auch Jahresarbeitsentgeltgrenze) von über 66.600 Euro haben müssen, um Mitglied einer privaten Krankenversicherung werden zu können. Ab dieser Summe besteht dann die Wahlfreiheit. Dabei werden auch regelmäßige Sonderzahlungen wie Urlaubs- und Weihnachtsgeld zum Einkommen hinzugerechnet. Die Betonung liegt allerdings auf der Regelmäßigkeit. Sehr einfach kann gesagt werden: Was im Arbeitsvertrag als garantierte Zahlungen steht, kann eingerechnet werden.

Selbstständige hingegen haben wie Beamte die freie Wahl des Krankenversicherungssystems. In Deutschland besteht Versicherungspflicht.

Doch zurück zu den Anfangsfragen: Diese haben tatsächlich etwas gemeinsam. Es wird nicht nur emotional diskutiert, sondern es gibt auch keine allgemeingültige Antwort oder Entscheidung. Hier spielen persönliche Vorlieben und individuelle Umstände eine Rolle.

Kurz gesagt: Wenn jemand den Gedanken an eine private Krankenversicherung kategorisch ablehnt, obwohl ein Wechsel finanziell
vorteilhaft wäre, trifft er diese Entscheidung bewusst aufgrund von
Emotionen.

Tatsächlich ist die GKV ein „Produkt", das nach dem Prinzip „One
fits all" (etwa: „Eine Ausfertigung passt für alle Fälle") gestaltet
wurde. Die Beiträge richten sich nach starren Prozentsätzen, multipliziert mit dem Einkommen. Jedoch bedeutet ein höherer Beitrag
nicht automatisch einen umfassenderen Leistungsumfang. Er spiegelt vielmehr das Solidaritätsprinzip wider. Um diesen Unterschied
nochmals deutlich zu machen, werfen Sie einen Blick auf die folgende Gegenüberstellung:

Gesetzliche Krankenversicherung	Private Krankenversicherung
Beiträge sind starr auf Basis eines prozentualen Anteils des Einkommens (Gehalt, Lohn, Miete, Zinsen usw.).	Beitragshöhe richtet sich einerseits nach dem Lebensalter bei Eintritt und stark nach den vom Versicherten gewählten Leistungen.
Leistungen werden durch den Gesetzgeber bestimmt. Es gilt als Maßstab, dass eine ausreichende, zweckmäßige und wirtschaftliche Versorgung des Patienten sicherzustellen ist.	Die Versicherten legen den Umfang der Leistungen innerhalb der Tarife nach ihren Vorstellungen fest. Das reicht von der Höhe der Erstattungen bei Zahnbehandlungen bis hin zur Kostenübernahme von Hilfsmitteln. Grundsätzlich erhalten die Patienten also die aus Sicht des Arztes beste und medizinisch notwendige Versorgung, die er verordnet. Dabei entscheidet der Arzt natürlich nicht über Ihren Kopf hinweg. So kann es aus Sicht des Zahnarztes zwar vielleicht die beste und sinnvollste Variante sein, ein Implantat als Zahnersatz zu wählen. Wenn Sie dies aber nicht wünschen

Gesetzliche Krankenversicherung	Private Krankenversicherung
	oder es Ihnen zu teuer erscheint, ist möglicherweise eine Brücke die zweibeste Wahl. Der GKV-Versicherte hat diese Wahlmöglichkeiten nicht.
Die Leistungen können sich jederzeit ändern. So können aufgrund politischer Entscheidungen die Krankenkassen zu dem Schluss kommen, ein bestimmtes Verfahren, Medikament oder eine Leistung aus ihren Katalogen zu entfernen, also die Kosten nicht weiter zu übernehmen.	Die Leistungen der PKV sind in ihrem Tarif vertraglich garantiert. Die Kasse kann diese nicht einseitig verändern. Ihnen als Versicherten steht es dagegen frei, Änderungen vorzunehmen, also mehr Leistungen zu buchen oder den Leistungskatalog auch wieder zu verringern.

Auch im Alltag werden die Unterschiede für alle Patienten deutlich sichtbar. Mitglieder der GKV können nur Ärzte aufsuchen, die über eine entsprechende Kassenzulassung verfügen, es sei denn, sie sind bereit, die Kosten vollständig selbst zu tragen. Ein großes Problem sind jedoch die Budgetbeschränkungen in den Praxen. Wenn das von den Kassen bewilligte Budget aufgebraucht ist, bedeutet die Behandlung eines GKV-Patienten für den Arzt einen Verlust. Daher müssen Versicherte oft länger auf einen freien Termin warten. Im ersten Moment hört sich das vielleicht nicht so dramatisch an – ist es im individuellen Fall aber oft.

Faktisch leben wir bereits in einer medizinischen Zweiklassengesellschaft. Davon merken Patientinnen und Patienten immer dann etwas, wenn es um mehr als um einen einfachen Infekt geht. Wer dagegen die Hilfe eines Spezialisten sucht, etwa eine MRT-Untersuchung, muss als Versicherter der GKV oftmals mehrere Monate auf einen Termin warten. Unabhängig davon, wie objektiv und subjektiv stark seine Beschwerden auch sein mögen. Das erkennen auch immer mehr Menschen. In der Hoffnung, schneller untersucht

zu werden, suchen sie dann die Notfallaufnahmen von Kranken-
häusern auf, was sich inzwischen zu einem ernst zu nehmenden
Problem entwickelt hat, weil die Ärzte dort ja verpflichtet sind,
jeden Fall zu untersuchen. Das geht auf Kosten der Menschen, die
tatsächlich ein objektiver Notfall wären.

Die Zweiklassenmedizin wird so richtig deutlich, wenn es um Zahnbehandlungen geht. Die GKV zahlt, sie drückt das nur anders aus,
in der Regel immer nur die preiswerteste Behandlungsmethode.
Und sie deckelt ihre Kostenübernahme. Eine Zuzahlung erhalten
nur die Versicherten, die ein vollständig ausgefülltes Bonusheft
vorlegen können. Oder anders formuliert, die GKV leistet nur den
erstattungsfähigen Teil, dieser wird durch die GKV definiert. Eine
PKV leistet abhängig vom Rechnungsbetrag. Dazwischen kann ganz
schön viel Geld liegen!

Um die Lücke zwischen der Erstattung durch die Krankenkasse und
den tatsächlichen Ausgaben zu füllen, schließen die Versicherten
dann eine Zahnzusatzversicherung ab. Fast jede Krankenkasse
der GKV besitzt einen passenden Kooperationspartner, dessen
Angebot dann per Post ins Haus flattert. Diese Kosten müssen die
Versicherten der GKV fairerweise zu ihren Beiträgen hinzurechnen,
sonst bleibt es der berühmte Vergleich zwischen Äpfeln und Birnen.
Hier noch einmal kurz die Spielregeln in der PKV:

- Die Tarife in der PKV sind grundsätzlich individuell. Vorsicht
  bei Vergleichsrechnern im Internet! Diese können nur einen
  groben Beitrag darstellen. Die tatsächliche Prämienhöhe können nur Programme mit einer bidirektionalen Schnittstelle
  liefern. Hier werden die Daten an die jeweiligen Versicherer
  gesendet, dort berechnet und das Ergebnis zurückgespiegelt
  (= Profivergleichsrechner).

Die Beitragshöhe in der PKV hängt von drei wesentlichen Faktoren
ab:

- Eintrittsalter
- Gesundheitszustand (Vorerkrankungen)
- Gewählte Leistungen

Am Lebensalter und dem aktuellen Gesundheitszustand kann niemand etwas ändern. Wichtig ist, nochmals zu betonen: Es geht bei der Tarifwahl um das Eintrittsalter zur Versicherung. Wenn Sie mit 27 Jahren die PKV abschließen, wird der Tarif nicht automatisch teurer, wenn Sie das 28. oder 30. Lebensjahr vollendet haben. Zum Thema Alter und Beitragshöhen gibt es hier ein Missverständnis, das gern zum Argument verkürzt wird, dass die „Beiträge mit dem Alter" teuer werden, dass sich die Versicherten die im Alter gar nicht mehr leisten können. Ja, die Beiträge in der PKV steigen. Das tun sie indes auch in der GKV. Die Beitragsanpassungen in der PKV sind aber nicht automatisch an das Lebensalter gekoppelt, sondern haben ihre Ursache hauptsächlich in externen Faktoren:

- Gibt es Anpassungen bei den Löhnen und Gehältern in der medizinischen Versorgung, steigen automatisch die Kosten für die erbrachten Leistungen. Die Krankenkassen müssen also für die gleiche Behandlung mehr zahlen.
- Auch die Medizin unterliegt den ganz normalen wirtschaftlichen Rahmenbedingungen wie der Inflation und allgemeinen Preissteigerungen.
- Dazu kommen dann Sondereffekte wie die Pandemie, mit Aufwänden für Impfung, Krankenbehandlung usw.
- Demografie. Wir werden statistisch betrachtet älter. Eine PKV bildet neben den gesetzlich verordneten Altersrückstellungen auch noch eine eigene Altersrückstellung. Gesetzliche Kassen bilden gar keine Rückstellungen.

Das Alter der Menschen spielt auch eine Rolle, allerdings in einem für Versicherungen üblichen Sinn. In der PKV wird die statistische

Lebenserwartung jährlich angepasst, d. h., wenn ein Privatversicherter statistisch gesehen ein Jahr älter wird, fließt dies in die Beitragskalkulation mit ein. In der Gesetzlichen fließt das nicht mit ein. Steigt statistisch die Lebenserwartung der Menschen, muss eine Krankenkasse einfach über einen längeren Zeitraum auch Leistungen erbringen. Dies wird dann wieder in den Tarifen berücksichtigt.

Bei der Auswahl der Leistungen in der PKV bestehen jedoch große Gestaltungsspielräume, die die monatliche Prämie senken können. Hier die wesentlichen Preistreiber eines PKV-Tarifs.

- Leistungen für Zahnbehandlungen und Zahnersatz: Es gibt sowohl (geringe) gesetzliche Leistungen als auch umfassendere Vollversicherungen. Es liegt auf der Hand, dass ein Tarif, bei dem die Versicherung 80 Prozent der Kosten erstattet, zwangsläufig teurer ist als einer, bei dem 50 Prozent übernommen werden.
- Höhe des Eigenanteils: Sie können individuell festlegen, wie hoch Ihr Eigenanteil sein soll. Das bedeutet, dass die Versicherung Ihnen nicht den vollen Betrag einer Arztrechnung erstattet, sondern Sie verpflichten sich, einen Teil der Kosten selbst zu tragen. Dadurch verringert sich die monatliche Belastung. Sie sollten jedoch den Eigenanteil nicht zu hoch wählen, insbesondere wenn Sie als alleinverdienende Person für eine Familie sorgen müssen. Denn bekanntlich sind Kinder häufig krank, was zu vielen Arztterminen und Kosten führen kann.
- Primär-Arzt-Prinzip: Wenn man dieses wählt, muss man analog zur GKV erst zum Hausarzt und wird dann falls notwendig zum Facharzt überwiesen. Das verringert den sogenannten Ärztetourismus und spart Kosten.

- GOÄ, GOZ (Gebührenordnung Ärzte und Zahnärzte): Wenn hier die PKV auch über den 3,5-fachen Satz leisten soll, spüren Sie das in der monatlichen Prämie.

Damit kommen wir zu dem Teil der PKV, der viele Kritiker abschreckt. Denn in der PKV rechnen Sie zunächst direkt mit dem Arzt ab. Sie legen die Rechnung vor und erhalten dann gemäß Ihrem Tarif und Eigenanteil eine Erstattung.

Das klingt zunächst einmal so, als stünden die Versicherten der PKV erst einmal vor einer riesigen Summe, die sie aus eigener Tasche vorstrecken müssten. Diese Argumente gegen die PKV stammen allerdings noch aus der Zeit vor der Digitalisierung. Im Alltag ist es heute eher so, dass die privaten Kassen sehr viel schneller bezahlen, als manche Praxis ihre Rechnungsläufe abschließt. Sie erhalten vom Arzt eine Rechnung, fotografieren diese mit dem Smartphone und laden die Rechnung via App hoch. Nicht selten ist dann bereits ein Tag später das Geld auf Ihrem Konto. Ist ein Aufenthalt im Krankenhaus, vielleicht sogar eine OP nötig, rechnet das Krankenhaus dann mit der Kasse direkt ab. Es fließt also gar kein Geld über Ihr Girokonto.

Im Vergleich zu den Beiträgen in der GKV kann die PKV eine erhebliche Kostenersparnis bedeuten.

Kritiker der PKV werden nun zwei gewichtige Argumente vorbringen, die mit Kindern und dem Alter zusammenhängen. Doch lassen Sie uns dem auf den Grund gehen und diese Punkte genauer betrachten.

Beginnen wir mit den Kindern: Es stimmt, dass Kinder in der PKV eine eigene Police erhalten. Aber die Annahme, dass dies enorm teuer ist, ist schlichtweg falsch. Es gibt viele familienfreundliche Angebote und Tarife, die erschwinglich sind. Die Beiträge der Kinder sind im Rahmen der Beitragsbemessungsgrenze über den Arbeitgeber, analog den eigenen Beiträgen, zuschussfähig.

Jahr	Beitrags-bemessungs-grenze	GKV inkl. Zusatzbeitrag	bspw. PKV-Tarif
2010	3.750,00 €	558,75 €	489,67 €
2011	3.712,50 €	575,44 €	502,49 €
2012	3.825,00 €	592,88 €	511,93 €
2013	3.937,50 €	610,31 €	517,81 €
2014	4.050,00 €	627,75 €	518,49 €
2015	4.125,00 €	639,38 €	518,49 €
2016	4.237,50 €	665,29 €	518,49 €
2017	4.350,00 €	682,95 €	518,49 €
2018	4.425,00 €	690,30 €	518,49 €
2019	4.537,50 €	703,31 €	518,49 €
2020	4.687,50 €	735,94 €	547,57 €
Steigerung		+ 31,7 %	+ 11.82 %

Abb. 7: Beispielhafte Beitragsentwicklung GKV und PKV im Vergleich
Quelle: eigene Darstellung

Es gibt zahlreiche Spielarten für den Versicherungsschutz für die Kinder: beide Elternteile in der PKV und eigene Tarife für die Kinder oder eine Mischform aus PKV, GKV und Familienversicherung. Seien Sie also nicht voreilig und lassen Sie sich von diesem weit verbreiteten Mythos nicht abschrecken. Außerdem: Kinder werden erwachsen und fallen spätestens nach dem Studium aus dieser Rechnung raus.

Nun zum zweiten Argument, das scheinbar gewichtiger ist: Es wird oft behauptet, dass die PKV nur für junge und gesunde Menschen geeignet ist. Mit zunehmendem Alter und den damit verbundenen häufigeren Arztbesuchen und Erkrankungen würden die Beiträge unbezahlbar und der Eigenanteil nicht mehr bezahlbar sein.

Doch dieses Thema ist weitaus komplexer, als es den Anschein hat. Hier sind vier wichtige Faktoren zu bedenken:

Erstens: Durch den Wechsel in die PKV ergeben sich monatliche Entlastungen im Vergleich zu anderen Angestellten oder Personen in vergleichbarer Lebenssituation. Über die gesamte Versicherungsdauer hinweg ergibt sich ein erheblicher finanzieller Vorteil, den Sie gewinnbringend in andere Anlageformen investieren können. Vorausgesetzt, Sie und Ihr Finanzberater haben keine Fehler gemacht, sollten Sie im Alter einen spürbaren finanziellen Vorteil gegenüber einer Vergleichsperson haben. Im Idealfall ist Ihr Aufwand gleich null. Dieser wichtige Aspekt wird oft verzerrt dargestellt, wenn es um die voreilige Verurteilung der PKV im Alter geht. Da dieser Teil des Geldes, das Sie investieren, nicht nur Teil der Alters-, sondern auch Ihrer Gesundheitsvorsorge ist, ist darauf zu achten, dass die Anlage auch vor Insolvenzen geschützt sein sollte.

Zweitens: Die PKV bildet freiwillig Altersrückstellungen, welche sie verzinslich anlegt und dies eine Steigerung der Beiträge kompensieren soll.

Drittens: Die PKV ist im Gegensatz zur gesetzlichen Krankenkasse gesetzlich verpflichtet, neben den freiwilligen Rückstellungen ca. zehn Prozent der Monatsprämie als weitere Altersrückstellung vorzutragen. Dies legt sie ebenfalls zurück, bei Eintritt in die gesetzliche Rente führt dies zu einer spürbaren Beitragsreduzierung.

Viertens: Wegfall von verschiedenen Tarifen, wie zum Beispiel das Krankentagegeld, die Lohnfortzahlung im Alter, welche im Altersrentenbezug nicht mehr notwendig ist.

Falls es dennoch zu unvorhergesehenen finanziellen Engpässen kommt, gibt es Lösungen. Zum Beispiel den Wechsel in den Basistarif. Dieser wird durch die Versichertengemeinschaft auch finanziell getragen, das heißt im äußersten Notfall werden hier auch keine Beiträge verlangt und ist mit gesetzlichen Standards abgesichert.

Trotz düsterer Szenarien von Kritikern muss meiner Erfahrung nach niemand am Ende seines Arbeitslebens verarmen, nur weil er sich für die PKV entschieden hat.

Dies ist kein eindeutiges Plädoyer für die private Krankenversicherung, aber der Wechsel in die PKV ist auf jeden Fall eine Überlegung wert. In der Regel profitieren Sie von geringeren monatlichen Beiträgen und erhalten im Gegenzug mehr Leistungen
oder können diese individuell zusammenstellen. Die finanzielle
Ersparnis bietet Ihnen über die gesamte Versicherungszeit hinweg
einen Vorteil gegenüber Personen, die in der GKV bleiben. Diese
Einsparungen können Sie bewusst investieren und Ihr Vermögen
vergrößern.

Tipp: Zögern Sie also nicht, die Situation gemeinsam mit
Ihrem Berater gründlich durchzurechnen und Ihr individuelles
Leistungspaket zusammenzustellen. Insbesondere wenn Sie
selbstständig sind oder im Beamtenverhältnis stehen, lohnt es
sich, die Vor- und Nachteile der PKV sorgfältig abzuwägen.

5.4 Verlust der Arbeitskraft absichern

Was wäre, wenn Sie von heute auf morgen nicht mehr Ihrem Beruf nachgehen könnten? Alle finanziellen Verpflichtungen würden
weiterlaufen und Ihr Lebenspartner sowie Ihre Familie wären plötzlich auf sich allein gestellt, ohne Ihr Gehalt als Unterstützung!
Den meisten Menschen ist leider nicht bewusst, dass die eigene
Arbeitskraft ihr größter Vermögenswert ist. Statistisch gesehen
ist es aber leider keine Seltenheit, dass Menschen ihre Arbeits-
fähigkeit, zumindest teilweise, vorzeitig verlieren. Laut Angaben
der deutschen Rentenversicherung und der Deutschen Aktuar
Vereinigung erleiden im Durchschnitt etwa ein Viertel der Arbeitnehmer das Schicksal der Berufsunfähigkeit. Demnach haben
30-jährige Frauen heute eine Wahrscheinlichkeit von 26 Prozent,
berufsunfähig zu werden. Bei Männern im selben Alter liegt die

Wahrscheinlichkeit bei 24 Prozent.[9] Dabei spielen heute psychische Ursachen eine große Rolle.

Die vorliegende Statistik sollte Sie nicht beunruhigen. Es ist wünschenswert, dass Sie zu den drei Vierteln der Arbeitnehmerinnen und Arbeitnehmer in Deutschland gehören, die ihren Beruf bis ins hohe Alter ohne Probleme ausüben können. Dennoch ist es wichtig zu beachten, dass der Verlust der Arbeitskraft ein erhebliches finanzielles Problem darstellen kann. Bei genauerer Information stellt sich heraus, dass der Staat nur in absoluten Notfällen eingreift, und dies auch nur dann, wenn die Person überhaupt keine Erwerbstätigkeit mehr ausüben kann.

Es gibt eine gesetzliche Erwerbsminderungsrente, die jedoch nur in voller Höhe gezahlt wird, wenn die Person nicht in der Lage ist, mehr als drei Stunden am Tag zu arbeiten. Dabei wird nicht speziell auf den angestammten Beruf eingegangen, und die Höhe der vollen Erwerbsminderungsrente liegt unterhalb des Grundsicherungsniveaus.

Schon diese kurze Charakterisierung der Erwerbsminderungsrente verdeutlicht, dass dieser „Schutz" eher eine Art gesetzliches Feigenblatt ist. Einer meiner Kunden hat bedauerlicherweise vor einigen Jahren einen Herzinfarkt erlitten und laboriert immer noch an seiner Herzschwäche. Die zahlreichen Stents und Operationen haben ihm zwar das Leben gerettet. Aber unter dem Aspekt der gesetzlichen Regelungen ist er nicht berechtigt, eine Erwerbsminderungsrente zu beziehen. Vermutlich wäre es insgesamt ehrlicher und für die Betroffenen zielführender, wenn diese augenscheinlich eher löchrige ‚Vorsorge' durch andere und moderne Formen ersetzt würde.

Aus den genannten Gründen ist private Vorsorge in diesem Bereich wirklich unverzichtbar. Berufsunfähigkeit kann plötzlich durch einen Unfall oder eine Krankheit eintreten. Glücklicherweise gibt

---

9   Vgl. www.dieversicherer.de/versicherer/beruf-freizeit/news/berufsunfaehigkeit-ursachen-33 756.

es geeignete Maßnahmen zum Schutz. Eine umfassende Beratung ist jedoch unerlässlich, um anhand Ihrer konkreten finanziellen Verhältnisse die passende Absicherung und die beste Kombination aus folgenden Bausteinen zu ermitteln.

- Unfallversicherung: Diese Versicherung deckt Personenschäden ab, die bei Unfällen auftreten. Dabei können sowohl Sie als auch andere Personen begünstigt sein. Aber: Die Unfallversicherung leistet in der Regel eine einmalige Zahlung. Sie ersetz also keinesfalls eine Versicherung, die monatliche Renten auszahlt. Sie kann sinnvoll sein, wenn Sie beispielsweise riskante Sportarten betreiben, ist aber lediglich eine Ergänzung zur Absicherung der Arbeitskraft aus anderen Gründen. Und wie der Name schon nahelegt, leistet die Unfallversicherung nicht bei Krankheiten.

- Berufsunfähigkeitsversicherung: Diese Versicherung zahlt in der Regel eine monatliche Rente, wenn die versicherte Person zu mindestens 50 Prozent berufsunfähig ist und ihren aktuellen Beruf voraussichtlich die nächsten sechs Monate nicht mehr vollständig ausüben kann. Die Berufsunfähigkeit muss ärztlich nachgewiesen werden. Die Tarife variieren je nach gewünschter Rentenhöhe und dem Alter der versicherten Person. Wann die BU zahlen muss und wie viel, regelt das berühmte „Kleingedruckte" im Tarif. Und leider ist das alles so formuliert, dass es Laien gar nicht und auch Experten eher eingeschränkt möglich ist, hier sauber die Entschädigungen und deren Voraussetzungen zu ermitteln. In den Bedingungen können sich Klauseln verstecken, die besagen, dass die versicherte Person möglicherweise eine andere Tätigkeit aufnehmen könnte, die ihrer Ausbildung entspricht, und somit keinen Anspruch auf Leistungen hat. Als Laie haben Sie hier keine Chance, die verschiedenen Angebote der Versicherer zu vergleichen. Dafür gibt es glücklicherweise Vergleichsrechner, mit denen Ihr

Berater arbeiten wird. Im Kern basieren diese darauf, dass sich absolute Experten die Mühe gemacht haben, die Bedingungen haarklein aufzuschlüsseln und das dann in eine Matrix zu verpacken, sodass überhaupt erst Vergleichbarkeit möglich wird.

- Grundfähigkeitsversicherung: Diese Versicherung sichert den Verlust grundlegender Fähigkeiten ab, unabhängig vom Beruf oder der Grundlage. Beispiele für grundlegende Fähigkeiten sind Laufen oder Sprechen. Die Versicherungspolicen definieren die abgedeckten Fähigkeiten in Katalogen und legen den Eintritt des Leistungsfalls unterschiedlich fest. Ein sorgfältiger Vergleich ist daher wichtig. Wenn eine versicherte grundlegende Fähigkeit verloren geht, tritt der Leistungsfall ein, unabhängig vom Beruf. Ein Beispiel wäre der Verlust der Fähigkeit, Treppen zu steigen, auch wenn die versicherte Person weiterhin an einem Schreibtisch arbeiten kann.

- Erwerbsunfähigkeitsversicherung: Der Abschluss einer Berufsunfähigkeitsversicherung kann für Personen mit körperlich anstrengenden Berufen teuer sein. Zudem kann der Versicherungsabschluss aufgrund von Vorerkrankungen mit hohen Aufschlägen oder gar nicht möglich sein. In solchen Fällen kann eine Erwerbsunfähigkeitsversicherung eine Alternative sein. Faktisch wird sie aber zunehmend von der Grundfähigkeitsversicherung abgelöst, die auch insgesamt von den Tarifbedingungen überschaubarer ist.

- Dread Disease/„Schwere-Krankheiten-Absicherung": Diese etabliert sich seit einigen Jahren aus dem angloamerikanischen Raum kommend – dort kennt man die bei uns beliebte Berufsunfähigkeitsversicherung erst gar nicht – bei uns. Hier werden die Risiken über eine ganz bestimmte Anzahl an genau definierten Krankheiten abgesichert. Wird eine solche diagnostiziert, erhält der Versicherte die abgesicherte Summe in einer Einmalzahlung.

Diese Versicherungen konzentrieren sich alle auf den Schutz der Person und bieten Leistungen für den Fall des Verlusts der Arbeitskraft oder grundlegender Fähigkeiten. Sie decken jedoch nicht ab, ob das Wohl und Wehe eines Betriebs von einem versicherten Ereignis abhängt.

Es gibt also viele Möglichkeiten, sich gegen den Verlust der Arbeitskraft abzusichern. Es ist jedoch nicht so einfach, die richtige Balance und den passenden Tarif zu finden, wie es Vergleichsportale oft darstellen.

Ein Versicherungsmakler kann von Anfang an potenzielle Probleme vermeiden. Versicherungen, die die Gesundheit betreffen, stellen in der Regel einen Fragekatalog bereit, um Vorerkrankungen zu ermitteln. Es ist wichtig zu betonen, dass die Fragen wahrheitsgemäß beantwortet werden müssen. Je nach Situation können sich Prämienaufschläge ergeben oder die Bedingungen erschwert werden. Wenn man eigenständig eine Versicherung abschließt, besteht auch die Möglichkeit, dass der Antrag abgelehnt wird. Dies hat Konsequenzen, da Versicherungsgesellschaften ähnlich wie die Auskunftei Schufa über Datenpools verfügen. Sobald eine Ablehnung dort dokumentiert ist, wird es schwierig, einen Vertrag abzuschließen.

Ein Versicherungsmakler kann dieses Problem lösen, indem er eine Risikovoranfrage bei einer Versicherung stellt. Dadurch erfährt man vorab, ob die Versicherung den Antrag annehmen würde. Bei der Beantwortung der Fragen MUSS man ehrlich die Fragen beantworten – aber auch nicht mehr. Ein schmaler Pfad. Sollte es zu einer Leistungsprüfung kommen und die Versicherung feststellt, dass Sie bei den Gesundheitsfragen „wesentliche Informationen" nicht erwähnt haben, kann die Versicherung vom Vertrag zurücktreten und Sie stehen ohne Absicherung da. Hier benötigt man Fingerspitzengefühl, viel Erfahrung und einen guten Draht zu den Gesellschaften.

5.5 Die Lebensversicherung

Es ist im westlichen Kulturkreis wohl zwar üblich, den eigenen Tod zu verdrängen, aber er gehört nun einmal zum Leben dazu. Statistiken zeigen, dass er uns gerade im Straßenverkehr jederzeit ereilen kann.

In diesem Zusammenhang ist eine Lebensversicherung sinnvoll, um Angehörige (Ehepartner, eingetragene Lebenspartner, Kinder) für den eigenen Todesfall abzusichern. Sie kann die emotionale Lücke nicht füllen, aber finanzielle Risiken abfedern, die entstehen, wenn der Hauptverdiener plötzlich ausfällt. Dadurch kann der gewohnte Lebensstandard für eine Weile aufrechterhalten werden, was den Angehörigen in der ersten Zeit der Trauer eine gewisse Beruhigung verschafft.

Es gibt zwei grundlegende Arten von Lebensversicherungen:

*   Risikolebensversicherung (RLV)
*   Kapitallebensversicherung

5.5.1 Risikolebensversicherungen: pro und contra

Der wesentliche Unterschied besteht darin, dass bei der Risikolebensversicherung nur das tatsächliche Sterberisiko abgesichert wird. Im Todesfall erhalten die begünstigten Personen die vereinbarte Todesfallsumme. Begünstigte können neben Lebens- oder Ehepartnern auch andere Personen sein, wie beispielsweise Geschäftspartner, mit denen eine gemeinsame Arbeitsgrundlage besteht.

Das Risiko wird über eine vereinbarte Vertragslaufzeit (meist in runden Zahlen wie zehn, 20 oder 30 Jahre) abgesichert. Die Höhe der monatlichen Prämie hängt von verschiedenen Faktoren ab, darunter Lebensalter und Gesundheitszustand der versicherten Person. Natürlich wirken sich ernsthafte Vorerkrankungen und höheres

Alter auf das Sterberisiko aus, ebenso wie gefährliche Hobbys, Sportarten oder der Lebensstil (Übergewicht, Rauchen).

Generell ist es wichtig, bei Versicherungen, die mit Leben oder Krankheit zu tun haben, keine falschen Angaben zu machen. Diese könnten dazu führen, dass die Versicherung die Leistungen kürzt oder den Vertrag aufgrund der falschen Angaben anficht. Es lohnt sich nicht, einige Euro bei der Prämie einzusparen, wenn der Todesfall auf einen Raucher hinweist, es sich aber um einen Nichtrauchertarif handelt.

Kleiner Tipp: Sie können das ganze Verfahren abkürzen, wenn Sie sich bei Ihrer Krankenversicherung Ihre Gesundheitsakte der vergangenen drei Jahre zur Verfügung stellen lassen. Darin sind alle Fakten enthalten, die die Versicherung interessieren könnten.

Bei der Risikolebensversicherung werden die monatlichen Prämien jedoch nicht angespart. Am Ende der Vertragslaufzeit sind die Einzahlungen verloren. Im Erlebensfall hat man also keinen Nutzen von dem Geld, dafür sind die Prämien erschwinglich.

Zur Höhe einer Lebensversicherung gibt es keine klaren Grenzen. Allerdings sollte die Versicherungssumme etwa das Dreifache bis Fünffache des jährlichen Bruttoeinkommens betragen. Dieses finanzielle Polster ermöglicht den begünstigten Personen, ihr Leben nach einem Todesfall neu zu strukturieren.

Beim Abschluss von Krediten und Darlehen bieten viele Darlehensgeber den Abschluss einer Risikolebensversicherung gleich mit an. Deren Höhe entspricht dann der jeweiligen Restschuld. Sofern Sie eine solche Zusatzversicherung abgeschlossen haben, brauchen Sie die Kredite nicht in die Todesfallsumme einer neuen RLV hinzurechnen. Als Inhaber einer Risikolebensversicherung können Sie auf eine Restschuldversicherung verzichten. Natürlich nur, wenn die Versicherungssumme nicht nur die Verbindlichkeiten deckt, sondern den Hinterbliebenen auch eine Zeit lang finanziell über den Verlust hinweghilft.

5.5.2 Kapitallebensversicherungen: pro und contra

Beim zweiten Modell sind die Beiträge nicht gänzlich verloren. Der grundlegende Mechanismus lässt sich am besten immer noch mit der klassischen Kapitallebensversicherung erklären. Solche Policen galten gerade in den 1970er- und 80er-Jahren als sichere Geldanlage. Allerdings sind sie das heute nicht mehr. Und tatsächlich habe ich in den vergangenen 25 Jahren keine solche Versicherung mehr vermittelt.

Warum? Nun, eigentlich ist der Name „Lebensversicherung" falsch gewählt. Denn im Kern ist die klassische Kapitallebensversicherung eher ein Sparprodukt. Die Idee: Die Versicherten zahlen monatlich einen festen Betrag in den Vertrag ein. Der Produktanbieter legt dieses Geld an den Kapitalmärkten an. Am Vertragsende wird dann die gesparte und verzinste Summe auf einen Schlag ausgezahlt. Stirbt der Vertragsnehmer vorher, kommt es zur Auszahlung der vereinbarten Summe.

Das war für die Versicherungsgesellschaften lange Zeit ein gutes Geschäft. Denn solange die Zinsen an den Kapitalmärkten eine höhere Rendite erbrachten als den der Kundschaft garantierten Auszahlungsbetrag, blieb der Überschuss bei der Versicherung.

Inzwischen ist jedoch jedem bekannt, dass die Zinsen seit einigen Jahren nicht einmal im Ansatz erreicht werden können. Das stellte einige Gesellschaften vor große finanzielle Herausforderungen, weil sie die fehlenden Renditen aufgrund zu geringer Zinsen durch eigene Mittel ausgleichen mussten. „Nachschießen" wird das in der Branche genannt. Das ist auch der Grund, warum Sie diese klassischen Policen bei Maklern am Markt nicht mehr finden. Und tatsächlich glauben auch die Versicherer nicht mehr an dieses Modell. Es gibt einen regelrechten „Run off" von namhaften Versicherungskonzernen, die ihren Bestand an klassischen Policen weiterveräußert haben. In einem meist eher verwirrenden als erklärenden Brief haben die Versicherer die Kundinnen und Kunden darauf hingewiesen, dass sie gar nicht mehr für die laufenden Verträge zuständig sind.

Garantierte Auszahlungssummen am Ende der Laufzeit werden immer weniger. Es gibt jedoch verschiedene Optionen, um sich einige Garantien zu sichern, da nicht alle Kunden auf eine Art Airbag bei Geldanlagen verzichten wollen. Policen mit diesem Airbag sind teurer und weniger lukrativ als garantielose Varianten.

Ihr Berater hat auf seinem Rechner Tools installiert, mit denen Sie eventuell bereits abgeschlossene Lebensversicherungen einem „Stresstest" unterziehen können. Was macht der Rechner? Er übersetzt die Vorteilsargumentationen und Versicherungsbedingungen in eine nackte Zahl.

Denn schreiben die Gesellschaften etwas von Verzinsung, meinen sie meist die Überschussverzinsung, d. h., es wird nur ein geringer Teil des eingezahlten Geldes, der Überschuss, so hoch verzinst. Für den Rest der Beiträge gibt es dann wenig oder nichts. Der Rechner prognostiziert die weitere Entwicklung wie den Rückkaufswert und wie sich die Verzinsung auswirkt. Am Ende steht dann die tatsächliche Rendite pro Jahr. Und das ist oft der böse Moment der Wahrheit, wenn diese ‚Rendite' einmal mehr in das Verhältnis zur Inflation gesetzt wird. Nicht wenige Kundinnen und Kunden waren erschrocken, nachdem ich ihnen vorgerechnet hatte, dass sie viel mehr einzahlen, als sie überhaupt wieder herausbekommen.

5.5.3 Fondsgebundene Rentenversicherungen: pro und contra

Ein wesentlich modernes Produkt ist die fondsgebundene Rentenversicherung. Diese kombiniert technisch die Geldanlage in einen Investmentfonds und wenn gewünscht in eine Risikolebensversicherung.

Die monatlichen Beiträge fließen in frei zu wählende ETFs oder gemanagte Investmentfonds, abzüglich der Verwaltungskosten der

Versicherer. Am Ende der Laufzeit erhalten die Versicherten ihre erworbenen Fondsanteile zum aktuellen Kurs oder können diese in ein eigenes Depot übertragen oder wie in einer Art Vermögensverwaltung fortführen.

Fondsgebundene Policen erfordern ein bisschen Aufmerksamkeit und bieten keine garantierte Verzinsung, da die Kurse an den Aktienmärkten volatil sind. Sie bieten erhebliche steuerliche Vorteile und wenn als Basis ETFs genommen werden, streuen Sie Ihre Risiken breit und sind für relativ geringe Investitionen an zahlreichen Märkten und in vielen Branchen engagiert.

Eine Alternative besteht darin, die beiden Bestandteile zu trennen. Man schließt eine Risikolebensversicherung ab und investiert parallel in Fonds oder ETFs. Diese Option erfordert zwar mehr Aufwand und Überwachung des Depots, ermöglicht aber uneingeschränkte Entscheidungsfreiheit und Anpassungsmöglichkeiten. Steuerlich sind Sie hier jedoch voll dabei. Mit der Vorabgewinnsteuer auf Kapitalerträge wartet der Fiskus noch nicht einmal Ihren persönlichen Gewinnmoment ab, sondern erhebt die Steuer vom voraussichtlichen Gewinn jährlich vorab.

Es gibt auch einen wesentlichen Unterschied zwischen den beiden Ansätzen: Wenn man dringend liquide Mittel benötigt und alle anderen Optionen ausgeschöpft sind, denken manche Kapitalversicherungsinhaber daran, den Vertrag zu kündigen, um an das eingezahlte Geld zu gelangen. In den ersten fünf Vertragsjahren ist dies jedoch selten ratsam, da hier die Abschluss- und Vertriebskosten stark ins Gewicht fallen. Mit anderen Worten, der tatsächliche investierte Betrag ist geringer als vermutet. Dies ändert sich später. Die Gesellschaft informiert jährlich über den Rückkaufswert.

Die Berechnung des Rückkaufswerts ist vertraglich und rechtlich geregelt. Grundsätzlich hängt sie von der Art der Versicherung (Index-Police, Fonds-Police) und auch vom Abschlussdatum ab. Bei fondsgebundenen Lebensversicherungen nach 2008 richtet sich der Rückkaufswert nach dem Zeitwert der Versicherung, d.h.

dem Wert der Fondsanteile. Bei vorzeitigem Ausstieg aus dem Vertrag kann die Versicherung jedoch eine gewisse Stornogebühr einbehalten.

Mein Tipp: Generell sollte der Vertrag nur im absoluten Notfall gekündigt werden, wenn alle anderen Optionen erfolglos ausgeschöpft sind. Wenn es vorrangig darum geht, vorübergehend Fixkosten zu senken, z. B. aufgrund von schlecht laufenden Geschäften oder anderen Umständen, können Lebensversicherungen zeitweise beitragsfrei gestellt werden, wodurch die Zahlungen pausieren. Dies ist immer die bessere Option als eine voreilige Kündigung.

5.6 Wohnen und Alltag

In Deutschland ist eine Krankenversicherung Pflicht und die Absicherung der eigenen Arbeitskraft dringend geboten. Es gibt jedoch auch eine ganze Reihe weiterer sinnvoller Versicherungen, die für monatlich überschaubare Beträge die finanziellen Folgen vieler Alltagsrisiken sinnvoll abmildern können.

Nachfolgend finden Sie eine kurze Übersicht der Policen, deren Abschluss mehr als sinnvoll ist. Diese ergänzen die Vorsorge, die in den einzelnen Abschnitten des Kapitels bereits beschrieben wurde.

Ein kurzer Hinweis zum Lesen der folgenden Tabelle: „Bedingt" in der Spalte „Empfohlen" bedeutet nicht, dass die Versicherung nicht die erwähnten Leistungen bringt oder es ein „schlechtes" Produkt ist. Vielmehr sind die individuellen Umstände zu prüfen. Ein Gedanke, der vielen von uns aufgrund unserer Prägung eher fernliegt, besteht darin, ein gewisses Risiko einzugehen und stattdessen Chancen zu nutzen. Wer als junger Single in seiner ersten eigenen, aber kleinen Wohnung lebt, kann das Risiko eingehen, auf eine Hausratversicherung zu verzichten. Stattdessen investiert er die so gesparten monatlichen Beiträge in ein ETF-Depot. Am Ende hat er dann vermutlich mehr von seinem Geld. Aber das ist eine bewusste Entscheidung. Und wichtig ist, dass eingesparte Geld dann nicht nur liegen zu lassen (sparen), sondern tatsächlich zu investieren. Und natürlich: Wer keine Immobilie besitzt, braucht keine Wohngebäudeversicherung und wenn Sie keinen Hund im Haushalt haben, ist eine Hunde- oder Tierhalterhaftpflicht naturgemäß überflüssig.

Bezeichnung	Inhalt	Empfohlen
Haftpflichtversicherung	Eine Privathaftpflichtversicherung versichert Personen-, Sach- und Vermögensschäden, die durch die Schuld des Versicherten entstanden sind. Solche Schäden können, wenn Personen betroffen sind, sehr teuer werden. Es geht also nicht nur darum, dass eine Niete an Ihrer Hose das Ledersofa eines Bekannten ruiniert. Stürzt beispielsweise ein Fahrradfahrer wegen Ihnen und muss möglicherweise ins Krankenhaus und eine anschließende Reha machen, können die Forderungen schnell ein paar Hunderttausend Euro betragen. Spartipp: Oftmals sind eingetragene Lebenspartner und Ehegatten ohne Problem in eine bestehende Haftpflichtversicherung zu integrieren. So sind auch die Kinder oft kostenfrei bei den Eltern mitversichert und benötigen keine eigene Police.	ja
Wohngebäudeversicherung	Wer ein Haus besitzt, sollte eine solche Versicherung abschließen. Sie versichert Schäden durch Sturm, Hagel, Feuer oder Blitzschlag. Eine sinnvolle Erweiterung ist die Versicherung gegen Elementarschäden.	ja
Kfz-Versicherung	Dazu gibt es ein eigenes Kapitel im Buch.	ja

Bezeichnung	Inhalt	Empfohlen
Auslandsreise-Krankenversicherung	Wer viel und gern verreist oder reisen muss, kann über diese Police nachdenken. Sie zahlt Behandlungen im Ausland und auch medizinisch notwendige Rücktransporte.	bedingt
Tier-/ Hundehaftpflichtversicherung	Wer sich einen Hund anschafft, ist in einigen Bundesländern gesetzlich dazu verpflichtet, auch eine Tierhaftpflicht abzuschließen. Die Versicherung trägt die Schäden, die ein Tier verursacht. Denn die vierbeinigen Begleiter sind nicht in der allgemeinen Haftpflichtversicherung inkludiert. Der Abschluss einer solchen Police kann also sinnvoll sein.	bedingt
Krankentagegeld	Mit wachsendem Vermögen nimmt die Bedeutung einer Krankentagegeld-ver-sicherung ab. Kurz gesagt fängt die Versicherung den Einkommensausfall ab, der durch eine längere Krankheit entsteht. Sie ist etwa für Selbstständige durchaus empfehlenswert, wenn diese aus ihrer Krankenversicherung kein Tagegeld bekommen. Oder dieses zu niedrig ist, um die Lebenshaltungskosten zu decken.	bedingt
Kinderinvaliditätsversicherung	Inzwischen ist das Produktfeld dieser Versicherungsart etwas dünner geworden. Wie der Name bereits verrät, zahlt die Versicherung (in der Regel eine monatliche Rente), wenn Ihr Kind durch einen Unfall oder eine Krankheit einen dauerhaften Gesundheitsschaden erleidet.	bedingt
Freiwillige Rentenversicherung	Wenn Sie jetzt stutzig werden: Als Angestellter haben Sie ja keine andere Wahl. Sie sind in der gesetzlichen Rentenversicherung versichert. Anders sieht das bei Selbstständigen aus. Diese dürfen und sollten (!) selbst für das Alter vorsorgen. Sie müssen aber nicht in eine Rentenversicherung eintreten. Jedenfalls dann nicht, wenn bei Ihnen nicht auf anderem Wege eine Versicherungs-	bedingt

Bezeichnung	Inhalt	Empfohlen
	pflicht festgestellt worden ist. Das kann bei selbstständigen Journalisten, Autoren oder Dozenten, aber auch Musikern und Schauspielern der Fall sein. Wird nämlich eine Pflichtversicherung in der KSK (Künstlersozialkasse) festgestellt, führt an den Einzahlungen in die gesetzliche Rentenkasse kein Weg vorbei. Im Rahmen einer Basis-absicherung können Selbstständige allerdings überlegen, sich freiwillig in der gesetzlichen Rentenversicherung zu versichern. Für sie gilt dann natürlich das Gleiche wie für Angestellte. Als alleiniger Baustein dürfte das nicht genügen. Ein Vorteil ist allerdings, dass jeden Monat ganz automatisch ein entsprechender Betrag von der Rentenkasse abgebucht wird. Sie unternehmen also auf jeden Fall etwas für die Altersvorsorge, egal, wie hektisch und unübersichtlich das Geschäft läuft. Auch eine sogenannte Rürup-Versicherung (auch in Kombination mit der Rentenversicherung) kann sinnvoll sein. 	
Betriebliche Altersvorsorge	Angestellte eröffnen sich mit der betrieblichen Altersvorsorge (bAV) eine Möglichkeit, zusätzlich zur gesetzlichen Rentenversicherung etwas für das Alter zu tun. Das ist oftmals dann sinnvoll, wenn absehbar ist, dass Sie längere Zeit bei Ihrem Arbeitgeber bleiben werden. Juristisch ist es so, dass Arbeitgeber dazu verpflichtet sind, Ihnen eine solche bAV anzubieten. Vorteilhaft ist das Konstrukt (das heute oftmals in der Form einer sogenannten Direktversicherung abgewickelt wird) deshalb, weil sich der Arbeitgeber an den monatlichen Beiträgen der Versicherung beteiligt. Je höher sein Zuschuss, umso besser. Der Staat belohnt die monatlichen Zahlungen Ihrer Seite ebenfalls, denn auf die Beiträge zur bAV zahlen Sie keine	bedingt

Bezeichnung	Inhalt	Empfoh-len
	Sozialabgaben und Steuern. Insofern gilt die bAV als gute Säule für die Altersvorsorge.	

Falls Sie jetzt stutzig werden, weil (auch) bei der betrieblichen Altersvorsorge und der privaten Rentenversicherung lediglich ein „bedingt" auftaucht: Jedes angebotene Produkt hat eine Reihe von Vorteilen auf seiner Seite. Aber mal ehrlich: Könnten Sie jetzt auf Anhieb sagen, was davon sich für Ihre aktuelle Situation am besten eignet?

Übrigens: Die Frage „auf Anhieb sagen" ist wohl auch ein beliebtes Partyspiel, denn wie ein Arzt werde auch ich gern bei Feiern gefragt: „Du, sag mal, ich habe jetzt dies und jenes Angebot erhalten (oder Vertrag abgeschlossen). Ist das nun gut?" In der Regel antworte ich dann: „Keine Ahnung. Würde an deiner Stelle mal zu einem Finanzberater gehen." Das hört sich vielleicht abweisend an. Aber so ist es nicht gemeint! Nun, aus dem Stegreif kann das eben nicht einfach beantwortet werden. In meinem Büro habe ich sogenannte Schichtenrechner im Einsatz. Diese Vergleichsrechner beantworten dann nach Eingabe aller erforderlichen Daten diese Frage. Einfach gesagt, zeigen sie im Ergebnis, mit welchem Produkt man die größte Effizienz bei der Altersvorsorge erzielt.

5.7 Kfz

Wenn Sie Autofahrerin oder Autofahrer sind und ein Fahrzeug besitzen, wissen Sie natürlich, dass eine Haftpflichtversicherung in der Regel erforderlich ist, um Schäden abzudecken, die Sie verursachen. Diese Versicherung deckt jedoch nicht die Schäden an Ihrem eigenen Fahrzeug ab. Dafür benötigen Sie eine Kaskoversicherung, die als Voll- oder Teilkasko angeboten wird.

Die Autoversicherung bietet eine Vielzahl von Konstellationen und Tarifen, was regelmäßige Vergleiche lohnenswert macht. Dies

beginnt bereits bei der Entscheidung für eine Teil- oder Vollkaskoversicherung. Denn die Kfz-Versicherung zeigt, dass ‚mehr' nicht
automatisch besser ist. Wenn Sie ein neues Auto besitzen, wird
Ihnen in der Regel eine Vollkaskoversicherung empfohlen, da der
Wert auf dem Gebrauchtwagenmarkt noch hoch ist. In diesem Fall
kann sich eine Reparatur auch für den Versicherer als rentabel erweisen. Mit zunehmendem Alter des Fahrzeugs lohnt sich eine um-
fangreiche Reparatur bei größeren Schäden jedoch immer weniger.
Die Wahl der Kfz-Versicherung sollte daher gut überlegt sein, wobei
die jährliche Fahrleistung, der Fahrzeugtyp und das individuelle
Risikoprofil eine Rolle spielen. Es ist auch wichtig zu beachten, ob
das Fahrzeug tatsächlich Ihnen gehört – oder beispielsweise geleast
ist: Bei einem Leasingvertrag haben Sie oft keine Wahl und sind verpflichtet, eine Vollkaskoversicherung abzuschließen.

Dennoch können Sie bereits mit einigen kleinen Tipps viel Geld sparen. Aus meiner Erfahrung heraus können Sie zwischen 20 und 30
Prozent sparen:

- Zahlen Sie jährlich: Dies gilt auch für eine Reihe anderer Ver-
  sicherungen, einschließlich Hausratversicherungen. Wenn
  Sie die Prämie einmal im Jahr zahlen, spart der Versicherer
  Verwaltungskosten. Das belohnt er mit einem kleinen Preis-
  nachlass. Einige Versicherer bieten auch keine monatlichen
  Zahlungen an.
- Schätzen Sie die Fahrleistung vorsichtig: Je mehr Sie das
  Fahrzeug nutzen, desto teurer wird auch die Versicherung.
  Die meisten Menschen überschätzen jedoch die zu meldende
  Kilometerzahl. Oft werden zu hohe Zahlen gemeldet, meist
  aus Bequemlichkeit, da das neue Melden einer niedrigeren
  Kilometerzahl als aufwendig erscheint. Doch schon wenige
  tausend Kilometer können einen Unterschied von fast 15 Pro-
  zent bei den Prämien ausmachen. Schätzen Sie also realis-
  tisch, aber eher am unteren Ende.

- Erhöhen Sie die Selbstbeteiligung: Dieses Modell finden Sie auch in der PKV. Wenn Sie eine höhere Selbstbeteiligung wählen, verpflichten Sie sich, kleinere Reparaturen aus eigener Tasche zu zahlen. Dadurch erzielen Sie spürbare Ersparnisse. Wenn eine Selbstbeteiligung von 300 Euro Ihnen monatlich mehr als 20 Prozent der Prämie einspart, lohnt es sich langfristig.

Tipp: Sie können auch mit einem sogenannten Telematiktarif sparen, den jedoch nicht alle Versicherer anbieten. Oft bestehen Missverständnisse, was sich dahinter verbirgt. Dabei werden Telematik und „Pay per Use" häufig verwechselt.

„Pay per Use" bedeutet, dass Sie nur für die Leistungen bezahlen, die Sie tatsächlich nutzen, beispielsweise eine Reisegepäckversicherung nur für die Tage, an denen Sie unterwegs sind.

„Telematik" dagegen bezieht sich auf die Telekommunikation. Bei diesem Modell liefert das Fahrzeug während der Fahrt permanent Daten an den Versicherer, der diese auswertet. Anhand der Daten bewertet ein Computersystem Ihren Fahrstil. Wer besonders umsichtig und defensiv fährt, kann von Rabatten profitieren. Moderne Autos sind ohnehin mit über 100 Sensoren ausgestattet, mit denen beispielsweise hartes Bremsen, schnelle Beschleunigung, überhöhte Geschwindigkeit (in Verbindung mit GPS-Daten) und mehr erkannt werden können. Wenn Ihnen der Gedanke nicht behagt, dass der Versicherer während der Fahrt Ihre Leistungen überwacht, ist ein Telematiktarif definitiv nichts für Sie. Er kann jedoch Geld sparen.

Für mich immer wieder erstaunlich ist, dass viele meiner Kundinnen und Kunden über den Wechsel der Kfz-Versicherung hervorragend informiert sind. Das mag aber auch vielleicht daran liegen, dass die Versicherer rechtzeitig im Jahr den Werbedruck in den

Medien erhöhen: Es scheint fast, als sei der Wechsel der Kfz-Versicherung eine Art Sport. Natürlich können Sie bei einem Wechsel sparen. Auch wenn die Situation beim Tarifvergleich immer unübersichtlicher wird.

Erstaunlicherweise lassen aber viele Kundinnen und Kunden, die auf keinen Fall die Wechselfrist für die Kfz-Versicherung versäumen wollen, viele andere Verträge unangetastet, obwohl diese schon lange nicht mehr vorteilhaft für sie sind.

5.8 Und der Rest?

Die Versicherungen, die ich zuvor erwähnt habe, sind meiner Meinung nach die sinnvollsten, um die wichtigsten Alltagsrisiken finanziell abzusichern.

Es gibt jedoch noch viele weitere Versicherungsprodukte auf dem Markt, die Sie abschließen könnten. Bei der Abwägung sollten Sie immer die folgenden Faktoren beachten:

- Wahrscheinlichkeit des Risikos
- Höhe des potenziellen Schadens und die Frage, ob Sie diesen anderweitig begleichen können.

Ein Beispiel: Wenn Sie als freiberuflicher Programmierer tätig sind, tragen Sie ein gewisses Risiko dafür, dass Ihre Arbeit beim Kunden zu Problemen führt und einen finanziellen Schaden verursacht. In solchen Fällen ist eine Vermögenschadenhaftpflichtversicherung unbedingt zu empfehlen. Besonders bei großen (Kunden-)Unternehmen, die mehrere Tage aufgrund z. B. eines Fehlers in der Software nicht arbeitsfähig sind, können potenziell enorme Summen im Raum stehen.

Es gibt auch Versicherungen, die in bestimmten Fällen sinnvoll sein können, aber nicht unbedingt erforderlich sind. Hier meine Einschätzung dazu:

Versicherungsart	Einschätzung
Zahnzusatzversicherung	Eine solche Versicherung kann insbesondere für alle Personen sinnvoll sein, die nicht in die PKV gewechselt sind oder wechseln wollten. Der Leistungskatalog der GKV ist bei Zahnbehandlungen sehr eng und beschränkt sich auf medizinisch notwendige, ausreichende Versorgung. Und die weicht oft vom eigentlich Möglichen (und gegebenenfalls Wünschenswerten) ab. Zudem zahlt die GKV auch nur einen Bruchteil der Kosten bei Zahnersatz (Implantate, Brücken). Und das selbst bei einem gut geführten Bonusheft. Der Abschluss einer Zusatzversicherung kann sinnvoll sein. Die Beträge steigen mit zunehmenden Lebensalter und sind auch abhängig vom gewünschten Grad der Zuzahlung.
Rechtsschutzversicherung	Damit können Sie sich gegen die Kosten eines Rechtsstreits versichern. Bedenken sollten Sie allerdings, dass eine solche Versicherung nur bestimmte Lebensbereiche abdeckt. Gerichtliche Auseinandersetzungen, die unmittelbar im Zusammenhang mit Ihrer beruflichen Tätigkeit oder Ihrem Unternehmen stehen, sind hier nicht versichert. Zudem bieten Vereine, Genossenschaften oder Gewerkschaften ihren Mitgliedern oft auch fachbezogenen Rechtsbeistand an.
Pflegezusatzversicherung	Die Pflege ist teuer. Das dürfte inzwischen allgemein bekannt sein. Und wie auch bei der Krankenversicherung zeigt sich, dass die tatsächlichen Kosten schnell deutlich über den Leistungen liegen können. Dann kann eine Zusatzversicherung für die Pflege sinnvoll sein.

Versicherungsart	Einschätzung
Zahnzusatzversicherung	Eine solche Versicherung kann insbesondere für alle Personen sinnvoll sein, die nicht in die PKV gewechselt sind oder wechseln wollten. Der Leistungskatalog der GKV ist bei Zahnbehandlungen sehr eng und beschränkt sich auf medizinisch notwendige, ausreichende Versorgung. Und die weicht oft vom eigentlich Möglichen (und gegebenenfalls Wünschenswerten) ab. Zudem zahlt die GKV auch nur einen Bruchteil der Kosten bei Zahnersatz (Implantate, Brücken). Und das selbst bei einem gut geführten Bonusheft. Der Abschluss einer Zusatzversicherung kann sinnvoll sein. Die Beträge steigen mit zunehmenden Lebensalter und sind auch abhängig vom gewünschten Grad der Zuzahlung.
Krankenhauszusatzversicherungen	Es gibt zahlreiche Zusatzversicherungen, die einen gesetzlich Versicherten auf das Niveau eines Privatpatienten heben sollen. Zum Beispiel stets Unterbringung in einem Zweibett- oder Einzelzimmer oder Chefarztbehandlung. Hier müssen Sie selbst entscheiden, ob diese Vorsorge Ihnen einen festen monatlichen Betrag wert ist. Die Beiträge variieren je nach Lebensalter. Über die gesamte Laufzeit müssen Sie mit rund 50 Euro rechnen. Für den doch eher seltenen Fall einer stationären Aufnahme.

Und das ist längst nicht alles, was der Markt zu bieten hat. Versicherer nutzen häufig die Ängste und Sorgen der Menschen in ihrer Werbung und Produktbeschreibung aus. Doch oft ist es viel sinnvoller, auf Basis einer vernünftigen Finanzplanung selbst für eventuelle Notfälle vorzusorgen, indem man einen Teil seines Einkommens beiseitelegt. Auf diese Weise spart man sich die hohen Verwaltungskosten, die in den meisten Versicherungspolicen versteckt sind, und muss sich nicht mit Ausschlussklauseln herumschlagen.

Es gibt jedoch immer noch typische Versicherungen, die stark beworben werden, obwohl ihre Leistungen begrenzt sind:

- Sterbegeldversicherungen: Hier wird oft an die ältere Generation appelliert, die ihre Kinder nicht mit den eigenen Bestattungskosten belasten möchte. Doch diese Versicherungen sind oft zu teuer für das, was sie tatsächlich leisten. Je nachdem, wie früh man sie abschließt, zahlt man möglicherweise mehr ein, als die Erben am Ende erhalten. Wenn man Vermögen oder eine Immobilie an die Kinder vererbt, müssen sich diese keine Sorgen machen, dass sie durch Bestattungskosten verarmen. Mehr dazu in Kapitel 8.5.
- Brillenversicherungen: Optiker bieten sie gerne an. Allerdings sind die Zuschüsse für eine neue Brille in der Regel zeitlich und finanziell begrenzt. Sie decken daher nicht die gesamten Kosten für eine neue Sehhilfe ab.
- Krankenhaustagegeld: Klingt zunächst vernünftig. Die Versicherung zahlt Ihnen einen Betrag für jeden Tag, den Sie im Krankenhaus verbringen. Doch realistisch betrachtet, werden Sie im Laufe Ihres Lebens wahrscheinlich öfter krank sein, als tatsächlich im Krankenhaus zu liegen. Es ist sinnvoller, eine Krankentagegeldversicherung abzuschließen, da diese auch bei Krankschreibungen zu Hause Leistungen erbringt.
- Handyversicherungen: Jeder Onlineshop legt sie Ihnen sofort in den Warenkorb, wenn Sie ein neues Smartphone kaufen möchten. Doch in den Bedingungen sind oft so viele Schadensausschlüsse enthalten, dass die Wahrscheinlichkeit eines Schadensfalls gering ist. Außerdem sollten Sie prüfen, ob das Smartphone nicht bereits durch eine andere Versicherung abgedeckt ist.

6. Den Nachwuchs absichern

6.1 Kinder sind (Ihnen) teuer

Die Geburt des ersten eigenen – und auch jedes folgenden – Kindes ist ein unvergessliches Erlebnis, das einen tiefgreifenden Einfluss auf das Zusammenleben in einer Partnerschaft hat. Es spielt keine Rolle, ob Sie durch die Geburt des Kindes eine Familie gegründet haben oder ob Sie Ihre Lebenspartnerin oder Ihren Lebenspartner kennengelernt und diese bereits Kinder mit in die Beziehung gebracht haben. Ob in einer ‚klassischen' Familie oder in einer Patchworkfamilie: Als Eltern übernehmen Sie eine enorme Verantwortung, auch finanziell.

In diesem Kapitel liegt der Schwerpunkt darauf, wie Sie Ihre Finanzplanung anpassen können, um Ihren Kindern einen guten Start ins Leben auf einer soliden finanziellen Grundlage zu ermöglichen. Das Thema Kinder wird jedoch auch an anderen Stellen in diesem Buch behandelt, sei es bei der Vorbereitung von Nachlässen für Ihre Kinder oder bei der Planung der Unternehmensnachfolge. Denn mit Kindern entstehen lebenslange Verbindungen, die über die finanzielle Ebene hinausgehen.

6.1.1 Was ein Kind bis zum Ende der Ausbildung kostet

Wenn es nur um die reine Rendite ginge, würde sich vermutlich niemand, der eine rein wirtschaftliche Perspektive hat, für ein Kind entscheiden. „Kinder kosten ein Vermögen" hat eine große Tageszeitung einmal getitelt und entsprechende Zahlen vorgelegt.[10] Und da ist auch etwas dran, wenn Sie einmal die nackten Zahlen auf sich wirken lassen: Das statistische Bundesamt hat Mitte der 2010er-Jahre einmal ausgerechnet, dass Kinder, bis sie sechs Jahre alt sind, 6.000 Euro im Jahr kosten. Zwischen sechs und zwölf Jahren steigt der Betrag auf 7.000 Euro und bis zur Volljährigkeit

---

10 Vgl. www.faz.net/aktuell/finanzen/meine-finanzen/vermoegensfragen/was-kostet-ein-kind-bis-zum-abschluss-des-studiums-13718883.html.

auf 8.500 Euro im Jahr. Alles in allem sind das 130.000 Euro – pro Kind wohlgemerkt. Ein paar Jahre später kommt das Statistische Bundesamt schon auf rund 148.000 EUR im Schnitt – und das war noch lange vor den Teuerungen der 2020er-Jahre.[11] Und das Erreichen der Volljährigkeit bedeutet ja nicht, dass die Kinder dann finanziell auf eigenen Füßen stehen. Schließt sich ein Studium an, werden Sie auch weiter für die Kinder sorgen (müssen). Denn der Unterhaltsanspruch der Kinder ist ein verbrieftes Recht (zumindest solange sie eine Ausbildung machen). Und da die jungen Erwachsenen höhere gesetzliche Ansprüche haben, kostet ein Kind bis zur wirklichen Selbstständigkeit gut und gern 230.000 Euro. Das kann auch schon mal mehr sein, je nachdem welche eigenen Ansprüche und welchen Lebensstil diese pflegen.

Auf den nächsten Seiten dreht sich alles um die Frage, wie Sie als Eltern am besten für Ihre Kinder vorsorgen und ihnen den Start in das Leben erleichtern können. Eventuelle staatliche Unterstützungsleistungen bleiben an dieser Stelle aber unberücksichtigt. Aber wenn Sie einmal überschlagen, wie viel der Staat in Form des Kindergelds ausschüttet, werden Sie leicht zur Erkenntnis gelangen, dass es sich hierbei um einen reinen Zuschuss handelt. Selbst wenn dabei der Maximalzeitraum von 25 Jahren ausgereizt wird, kommen Sie bei etwa 250 Euro pro Kind auf maximal 75.000 Euro.

6.2 Den Start ins Leben erleichtern, aber wie?

Wie können Sie nun den Kindern den Start in ihr späteres Leben erleichtern? Ihre Überlegungen sollten damit beginnen, dass Sie Maßnahmen ergreifen, damit die Kinder möglichst sorglos aufwachsen

---

11 Vgl. www.destatis.de/DE/Themen/Gesellschaft-Umwelt/Einkommen-Konsum-Lebensbedingu ngen/Konsumausgaben-Lebenshaltungskosten/Publikationen/_publikationen-innen-konsum ausgaben-familien.html?nn=209992.

können. Deswegen bildet die Vorsorge die Basis. Der frühe Tod eines oder gar beider Elternteile ist nicht nur emotional eine traumatische Erfahrung. Der plötzliche Ausfall eines Hauptverdieners kann das Leben dauerhaft einschränken. Am besten sollten also beide Elternteile eine Risikolebensversicherung in ausreichender Höhe abschließen, deren Auszahlung zumindest für einen längeren Zeitraum die erforderliche finanzielle Sicherheit garantiert.

Bedenken Sie dabei auch, dass es nicht genügt, die Kinder als Begünstigte einzutragen. Denn minderjährige Kinder sind bekanntlich nicht oder nur eingeschränkt geschäftsfähig. Damit das Geld beim Verlust beider Elternteile auch den Kindern nutzt, benötigen Sie auch die Unterstützung des Gewerkes eines Notariats. Dort wird man Sie umfassend und juristisch haltbar darüber informieren, wie eine Verfügung auszusehen hat, damit die Kinder auch von dem Geld etwas haben.

Die (finanzielle) Vorsorge für die Kinder sollte aus meiner Sicht zwei Dinge umfassen:

- Im Sinne dieses Buches (Kap. 1) sollten Sie möglichst frühzeitig damit beginnen, Kindern den Umgang mit Geld zu vermitteln und für deren finanzielle Bildung sorgen. Gerade bei Alltagsfähigkeiten verlassen sich Eltern viel zu oft auf die Schule. Aber unser Schulsystem kann eben nicht alles leisten. Geben Sie also, je nach Alter, Ihr Wissen um Finanzen und Steuern weiter. Taschengeld und ein eigenes Guthabenkonto (bei Schulkindern) trainieren den eigenverantwortlichen Umgang mit Geld.

- Der zweite Aspekt ist der konkrete Aufbau von finanziellen Reserven oder eines eigenen Vermögens für die Kinder, auf das diese dann mit Erreichen der Volljährigkeit oder dem Eintritt in die Ausbildung selbst zugreifen können.

„Sparen und investieren für die Kinder" lautet also das Motto. Und wie bei allen Investitionen sollten Sie sich zunächst fragen, was Sie damit erreichen wollen! Übrigens geht dieser Abschnitt davon aus, dass es in ihrer Familie friedvoll zugeht und Sie auch einfach freiwillig etwas tun wollen. Wie eingangs kurz erwähnt, haben Kinder ja einen gesetzlichen Anspruch auf Unterhalt. Gehen wir an dieser Stelle der Einfachheit halber davon aus, dass ihre Kinder diesen Anspruch nicht juristisch durchsetzen wollen oder müssen; das würde dieses Kapitel nämlich sehr kompliziert machen. Denn mit dem Recht auf Unterhalt sind auch Verpflichtungen verbunden. So lässt sich etwa aus dem Gesetz ableiten, dass Kinder, die Unterhalt für die Dauer ihres Studiums durchsetzen wollen, auch dazu verpflichtet sind, sich nach alternativen (Zusatz-)Quellen umzusehen, also den Anspruch auf Bafög zu prüfen. Spätestens dann wären wir aber auch mitten im Themenbereich des Unterhaltsrechts. Und eine rechtliche Beratung gehört nicht zu den Aufgaben eines Finanzberaters.

Bei den Investitionen für die Kinder geht es also wie bei Ihren eigenen Geldanlagen um Risikobereitschaft, Anlagehorizont und Ziele. Was wollen Sie also erreichen? Möchten Sie rechtzeitig zum 18. Geburtstag eines Kindes das Geld für den Erwerb eines Führerscheins und eines Kleinwagens vorliegen haben? Geht es um eine etwas größere Summe, die vielleicht zur Anschaffung eines ersten Hausstands beim Auszug reicht? Oder wollen Sie Geld anlegen, das später einen Teil der Lebenshaltungskosten der Kinder abdeckt, wenn sie sich im Studium, vielleicht sogar in einer anderen Stadt, befinden?

Nur, wenn Sie wissen, wie viel Geld Sie am Ende eines Zeitraums brauchen und wie schnell Sie darauf zugreifen wollen, lassen sich geeignete Produkte identifizieren, die Sie Ihrem Ziel näherbringen! Für was auch immer Sie sich entscheiden. Das Geld sollte zumindest so flexibel zur Verfügung stehen, dass Sie selbst auch kurzfristig darauf zugreifen können. Das würden Sie vermutlich nur im aller größten Notfall tun. Indes haben die Kinder im Zweifel mehr davon, dass Sie eine finanzielle Schieflage beheben können, statt auf eine größere Summe Geldes gar nicht zugreifen zu können.

6.2.1 Vermögensaufbau für die Kinder

Investieren für die Kinder unterscheidet sich gar nicht so stark von Ihren eigenen Investitionen. Je früher Sie damit beginnen, umso besser, weil der Anlagehorizont wächst. Zudem hilft eine verlässlich regelmäßige Investition beim Vermögensaufbau. Ob Sie nun einmal pro Quartal eine größere Summe zur Seite legen oder einen festen monatlichen Betrag investieren, spielt keine Rolle. Es kommt auf die Regelmäßigkeit an.

Ein Wort zu Großeltern, Onkel, Tanten und Paten: Sie alle wollen in der Regel auch etwas beitragen. Das ist eine nette Geste.

Tipp: Halten Sie aber gerade die ältere Generation davon ab, einfach ein Sparkonto bei der Bank für die Kinder zu eröffnen. Nominal kommt da bekanntlich am Ende von 18 Jahren schon ein größerer Betrag zusammen (was von der Großzügigkeit der Großeltern abhängt). Aber wegen der niedrigen Zinsen wird die Inflation viel von der Kaufkraft konsumiert haben. Und dann wirkt auch das Geschenk nicht mehr ganz so großzügig, wenn der Nachwuchs realisiert hat, was er sich von der angesparten Summe überhaupt noch leisten kann. Weisen Sie also die Schenkungswilligen selbst auf bessere Alternativen hin. Eine fondsgebundene Rentenversicherung, eine auf ETF basierende Versicherung oder auch Investmentsparpläne bringen mit der gleichen monatlichen Summe mehr Rendite als das klassische Sparbuch. Zuzahlungen und Entnahmen sind jederzeit möglich, somit auch höchst flexibel.

Ein Motto, dass Sie natürlich selbst ebenfalls beherzigen sollten. Für den langfristigen Vermögensaufbau für die Kinder eignen sich u. a. diese Anlageklassen:

- ETFs und darauf basierende Verträge wie Versicherungen oder Sparpläne,
- Fonds,
- Aktien – bedingt, da es für eine vernünftige Diversifikation > 10.000,– Euro bedarf.

Sie wollen dem Nachwuchs die Basis für einen Immobilienerwerb schaffen? Dann sind Bausparverträge oftmals in Diskussion. Eltern fragen mich dann sehr häufig an, mein Kind ist 18 und hat einen Bausparvertrag, was soll ich damit machen? Der Tarif bietet dann eine 0,5-Prozent- oder am anderen Ende 2,5-Prozent-Verzinsung an. Je nach Marktlage passt das eine oder andere nicht. Die Zugriffsfrist – sprich Kündigung – kann bis zu einem Vierteljahr in Anspruch genommen werden. Alles in allem wenig zeitgemäß, unflexibel und wenig lukrativ.

Wie bei Ihren persönlichen Geldanlagen sollten Sie nicht alle Eier in einen Korb legen. Mit anderen Worten: Auch bei der Geldanlage für Kinder sind Sie gut beraten, wenn Sie die Anlage diversifizieren, um die Risiken zu minimieren. Übertreiben sollten Sie das aber auch nicht. Sie haben vermutlich mit Ihrem eigenen Vermögen schon genug zu tun.

Gelegentlich höre ich von meinen Kundinnen und Kunden Bedenken, dass die Kinder mit Eintritt ihrer Volljährigkeit ja dann vollständig über das ihnen zugedachte Geld verfügen können. Da schwingt dann das Misstrauen mit, dass das eigentlich als Starthilfe gedachte Kapital für teure Konzertbesuche, Designerkleidung, Dauerreisen, Chillen oder ähnliche, aus Sicht der Erwachsenen leichtfertige oder verwerfliche Dinge ausgegeben wird. Das ist aber primär eine Frage der Erziehung und keine eines Finanzberaters. Allerdings gibt es auch Anlageformen, bei denen Sie vertraglich ein Vetorecht haben, selbst wenn das eigene Kind Vertragsinhaber ist.

Noch einmal kurz zum Anfang zurück: Wenn sich der Zeitpunkt nähert, an dem die Kinder Zugriff auf das für sie gebildete Vermögen erhalten sollten, ist es spätestens an der Zeit, sich über die Zukunftspläne des Nachwuchses zu informieren.

Tipp: Wenn feststeht, dass die Kinder einen Antrag auf Bafög stellen wollen, darf ihr Vermögen nämlich bestimmte Grenzen nicht überschreiten. Informieren Sie sich also gemeinsam rechtzeitig über solche Stolpersteine!

Einen ordentlichen Schub macht das Vermögen Ihrer Kinder natürlich durch größere Schenkungen oder Vermögensübertragungen. So kann die Übertragung einer Immobilie die Basis für ein eigenes Zuhause oder der große Schub in das eigene Leben sein. Erinnert sei an dieser Stelle an die geltenden Freibeträge in Hinblick auf die Schenkungssteuer und die möglichen Nachteile für die Weitergabe von Immobilien.

An dieser Stelle möchte ich noch einmal einen Hinweis wiederholen, den ich bereits an anderer Stelle einmal gegeben habe. Vernachlässigen Sie den Aspekt der Steuern nicht. Auf den ersten Blick ist der Abschluss eines Sparplans auf Basis von ETFs keine große Kunst. Sie gehen auf eine x-beliebige Plattform im Internet, eröffnen ein Konto, bestätigen die Identität und legen den Sparplan an. Fertig. Wozu da noch einen Berater?

Fortgeschrittene Kundinnen und Kunden denken in dem Zusammenhang vielleicht auch bereits an die Kosten: Abschlussprovisionen oder Depotentgelte. Klar schlagen die auf die Rendite durch. Aber die Unterschiede zwischen den Verträgen und Anbietern, die vielleicht ein paar Basispunkte ausmachen, sind eigentlich nichts gegen den Anteil, den der Staat im Zweifel für sich veranschlagt. Und dann brauchen Sie sehr wohl einen Berater, der diese Risiken im Vorfeld im Blick hat und eine Konstruktion findet, die es Ihnen erlaubt, möglichst wenig abführen zu müssen. Viele vergessen bei der Kostendiskussion die Kosten der Performance. Ein ETF-Fonds bildet „nur" den Index nach, nicht schlechter, aber auch nicht besser. Topgemanagte Fonds schlagen den Index und somit den ETF-Fonds teilweise um 100 Prozent und mehr, was nützen einem im Vergleich die eingesparten fünf Prozent Ausgabeaufschlag dann?

6.3 Die Ausbildungsversicherung – lohnt sich das?

Wenn Sie sich über die finanzielle Vorsorge für Ihre Kinder informieren, werden Sie früher oder später auf die sogenannte Ausbildungsversicherung oder Aussteuerversicherung stoßen. Letzteres namentlich ein Relikt vergangener Zeiten und ein echtes „Geht gar nicht" in der Welt der Gleichberechtigung. Der Grundgedanke ist, dass die Eltern die Versicherung abschließen und diese zum Beginn des Studiums oder während des Studiums eine Auszahlung vornimmt. Dadurch erhalten die Kinder einen größeren Geldbetrag, der ihnen finanzielle Freiheit während der Ausbildung ermöglicht.

Diese Versicherung wird als Mittel zur Reduzierung der Kosten für die Ausbildung der Kinder positioniert. Praktisch handelt es sich bei der Ausbildungsversicherung um eine Kombination aus einer Anlageform und einer Versicherung. Dieses Konstrukt ähnelt einer klassischen Kapitallebensversicherung.

Und damit sind wir bei einem der größten Nachteile. Aus meiner Sicht war das ein schönes Produkt in den 1970er- oder 80er-Jahren, wo es auch eine Innovation auf dem Anlagemarkt gewesen ist. Inzwischen ist es aber mehr oder weniger überholt. Wenn meine Kundinnen und Kunden aktiv danach fragen und wir die Vor- und Nachteile beleuchten, stellen wir im Allgemeinen schnell fest, dass es wesentlich innovativere Produkte am Markt gibt.

7. Die eigenen vier Wände

7.1 Damit der Traum vom Haus kein Albtraum wird

Das selbstbewohnte Haus oder die selbstbewohnte Eigentumswohnung gelten allgemein als wichtige Bausteine für die Altersvorsorge und den Vermögensaufbau. Oft wird in diesem Zusammenhang auch vom „Betongold" gesprochen. Und das ist auch nicht ganz falsch. Der Verweis auf Gold deutet bereits auf eine gewisse Wertstabilität hin. Wie die bisherige Geschichte gezeigt hat, waren Menschen, die über Wohngebäude oder Grundstücke verfügten, in weltweiten und tiefgreifenden Wirtschaftskrisen tatsächlich im Vorteil. Es liegt auf der Hand, dass solche Vermögensgegenstände einen Wert darstellen. Kurz gesagt, eine Immobilie oder ein Grundstück als Teil des Vermögens zu besitzen, ist grundsätzlich sehr positiv (= Core-Investment).

Jedoch wird die Einschätzung im Hinblick auf die Altersvorsorge schon etwas differenzierter. Nicht alle Menschen sind rein zahlengetrieben oder handeln streng nach Logik. Eine durchaus typische Situation ist das Paar, das im Rentenalter in der eigenen lastenfreien Immobilie lebt. Die Kinder sind aus dem Haus, das inzwischen viel zu groß ist. Auf rein logischer Ebene wäre diese Immobilie also der ideale Ausgangspunkt, um sie zu verkaufen, um sich vom Erlös ein kleineres Haus oder eine Eigentumswohnung zu kaufen. Wenn denn da nicht die Erinnerung an die vielen Jahre wäre.

Haus oder Wohnung sind emotionale Themen. Wenn die Immobilie von den Eigentümern selbst bewohnt wird, ist ein Haus viel mehr als nur eine Ansammlung von Baustoffen. Es ist das Zuhause, der vertraute Lebensraum.

7.1.1 Zwischen Emotion und Einzelfallbetrachtung

Viele Menschen haben den Wunsch, auch im Alter in ihrer vertrauten Umgebung zu leben. Es klingt so schön: „Mietfrei im Alter wohnen".

Immobilienbesitzer wissen indes natürlich, dass „mietfrei" nicht kostenfrei heißt. Instandhaltung, Steuern, Versicherungen usw. werden ja trotzdem fällig. Also eigentlich alles, was Mieter als „Nebenkosten" kennen. Den Aspekt der Instandhaltung unterschätzen leider viele Käuferinnen und Käufer ihrer ersten Immobilie. Im Vorteil sind alle, die gleich von Beginn an einen festen Betrag zurücklegen, um Haus oder Wohnung in Schuss zu halten.

Die Entscheidung für oder gegen den Kauf einer Immobilie zur eigenen Nutzung ist aber keine rein finanzielle Entscheidung, sondern auch von emotionalen Aspekten geprägt. Wer Kinder hat, freut sich über einen eigenen Garten als Spielplatz um das Haus herum und schafft einen Wert, den er später vererben kann. Die Familie hat einen festen Ankerpunkt und einen Rückzugsort.

In Bezug auf eine selbst genutzte Immobilie gibt es aber auch eine rein finanzielle Betrachtung. Es ist einfach nicht wahr (und Rechenbeispiele zeigen dies immer wieder), dass am Ende des Erwerbslebens Eigenheimbesitzer automatisch finanziell besser dastehen als Mieter. Es kommt auf den Einzelfall an. Das sollte Sie keinesfalls davon abschrecken, eine Wohnung oder ein Haus zu kaufen. Es will nur wohl überlegt werden.

Eine grobe (!) Faustregel zur Einschätzung, ob sich Mieten oder Kaufen desselben Objekts lohnt, ist der sogenannte Kauf-Miet-Faktor. Der errechnet sich folgendermaßen:

$$\frac{Kaufpreis}{Jahreskaltmiete} = Kauf\text{-}Miet\text{-}Faktor$$

Ein Beispiel: Eine Wohnung steht für 300.000 Euro zum Verkauf respektive Kauf. Die Jahreskaltmiete für diese Wohnung beträgt 15.000 Euro. In die Formel eingesetzt, ergibt dies einen Faktor von 20. Der Kaufpreis beträgt das 20-Fache der Miete. Ein Faktor um die 20 oder geringer hat sich über die Jahre als Indiz dafür bewährt, dass es sinnvoll sein kann, dieses Objekt zu kaufen.

Aber das ist halt wie bei allen Faustregeln: Es kann auch sinnvoll sein (je nach Lage, Ausstattung usw.) bei einem Faktor von 30 zuzuschlagen. Oder anders formuliert, 15.000/300.000 = vier Prozent. Sind die Finanzierungszinsen gleich oder geringer vier Prozent, wäre es günstiger zu kaufen, bei höher als vier Prozent wäre mieten besser. Es gibt hier kein falsch oder richtig, es gibt nur: Emotion schlägt Ratio. Woher ich das weiß? Als meine Frau und ich uns vor 25 Jahren ein Baugrundstück angesehen haben und sie dann sagte: „Was für ein herrlicher Blick", war alles gesagt und gleichzeitig entschieden.

Indes muss auch hier vorher genau kalkuliert werden. Wie stark die Kalkulationen und auch der Gedanke der Rendite bei Ihnen eine Rolle spielen, hängt von Ihren individuellen Wünschen ab. Wohnen Sie bereits im Eigentum und wollen eine zweite Immobilie kaufen, die dann vermietet wird? Richtet sich das Vermietungsobjekt an Unternehmen oder Privatpersonen? Das alles spielt bei der Finanzierung und der Suche nach einem passenden Objekt eine Rolle.

7.2 Eine Baufinanzierung besteht nicht nur aus einem Zinssatz

In der für Banken idealen Konstellation wenden Sie sich an Ihre Hausbank und leihen sich die Summe für Ihr Traumhaus oder Ihre Traumwohnung. Und so lief es auch über Jahrzehnte. Zwar profitierten auch die Bausparkassen von dem Traum vom Haus, aber nur wenige Menschen kamen auf die Idee, dass möglicherweise die Bankfiliale nebenan den gleichen Kredit günstiger finanzieren könnte als die althergebrachte Hausbank. Und da sind wir wieder bei unserem Ausgangspunkt: zu geringe finanzielle Bildung.

Ende der 1990er-Jahre kam Bewegung in den Markt für Immobilienfinanzierungen, als gleich zwei Unternehmen begannen, Vergleichsportale für Immobiliendarlehen im Internet einzuführen. Diese Vermittler greifen auf Basis der Daten der Kunden auf einen größeren Pool von Banken und Kreditgebern zu. Dank des Zugriffs auf viele Banken wurde das Geschäft nicht mehr von der Hausbank vor Ort, sondern von deren Wettbewerbern in anderen Städten oder von Banken ohne Filialen (wie z. B. die ING- oder DSL-Bank) abgewickelt. Die Plattformen sorgten für eine höhere Zinstransparenz und sparten den Finanzierenden viel Geld.

Bei den hohen Kreditsummen, wie sie bei Immobiliendarlehen üblich sind, können schon geringe Unterschiede bei den Zinsen über die Laufzeit hinweg eine Ersparnis von mehreren tausend Euro bedeuten, und das, obwohl die Plattformen eine Provision für die Vermittlung erhalten. Die beiden bekanntesten Vertreter sind wohl Interhyp, das heute eine Tochtergesellschaft einer Bank (niederländische ING Direct) ist, und Hypoport, das unter verschiedenen Marken wie Dr. Klein auf dem Markt operiert.

Wie bei allen Darlehen spielt die Bonität der Kunden eine wichtige Rolle. Wenn Sie eine Immobilie finanzieren möchten, sollten Sie schon aus einem naheliegenden, aber oft wenig bekannten Grund einen Vermittler aufsuchen: Wenn Sie eigenständig bei einer Bank eine Finanzierung anfragen respektive beantragen, kann es passieren, dass diese Kreditanfrage an die Auskunftei Schufa weitergeleitet wird und dort vermerkt wird. Wenn Sie zu einer anderen Bank gehen, um ein weiteres Angebot einzuholen, wird diese ebenfalls bei der Schufa nachfragen. Die Konditionen des neuen Angebots sind dann möglicherweise schlechter, da Sie nicht mehr als Kunde mit einer einwandfreien Bonität gelten, nachdem Sie bereits einen Kredit angefragt haben. Ein Vermittler kann dieses Problem geschickter für Sie lösen, ohne Ihre Bonität zu beeinträchtigen!

Aus Sicht desjenigen, der eine Immobilie finanzieren möchte, muss eine gute Immobilienfinanzierung (ich verwende den Begriff gleichberechtigt mit Baufinanzierung, selbst wenn kein Hausbau geplant ist) vor allem drei Faktoren erfüllen:

- Sie muss den Kauf oder Bau ermöglichen.
- Sie darf nicht zu teuer sein.
- Sie sollte Sicherheit und Planbarkeit über eine längere Laufzeit bieten, und die Raten sollten erschwinglich sein.

Damit sind wir bei meiner ersten Warnung in diesem Zusammenhang: Hüten Sie sich vor unrealistischen Berechnungen. Portale und unseriöse Vermittler vermitteln oft den Eindruck, dass Sie ein Immobiliendarlehen problemlos mit Ihrer aktuellen Kaltmiete und Nebenkosten bedienen können. Zwar trifft das oberflächlich betrachtet zu, da Sie ohnehin Wohnkosten haben. Aber eine so knapp kalkulierte Finanzierung berücksichtigt nicht, dass Sie das neue Haus oder die neue Wohnung abnutzen. Früher oder später werden Reparaturen und Modernisierungen anfallen. Das Eigenheim kostet Sie also mehr als nur die Kreditraten und Nebenkosten. Sie sollten regelmäßig einen festen Betrag zurücklegen, um solche Ausgaben zu decken. Viele Bauwillige in den 1970er- und 80er-Jahren haben dies jedoch versäumt. Das Ergebnis sind Immobilien, die in Zeitungsanzeigen und auf Portalen als „renovierungsbedürftig" oder „mit Renovierungsstau" bezeichnet werden.

Ein zweiter Fehler, der tatsächlich sehr unangenehm werden kann, besteht darin, bei der Planung nicht Szenarien mit steigenden Zinsen berücksichtigt zu haben. Klassische Immobiliendarlehen bieten über viele Jahre einen festen Zinssatz. Doch am Ende der Zinsbindung steht der Wechsel zu einem neuen Vertrag mit dem dann üblichen Zinssatz. Und dieser kann deutlich höher sein, was den Kredit teurer macht und die Raten steigen lässt. Auch dann sollten Sie sich Haus oder Wohnung noch leisten können.

7.2.1 Ratenhöhe und Kreditkosten

Was hat nun Einfluss auf die Ratenhöhe und die Kosten für Ihre Immobilienfinanzierung?

Aus Sicht der finanzierenden Bank ist zunächst der sogenannte Beleihungsauslauf relevant. Dieser gibt an, in welchem Verhältnis die Kreditsumme und eventuelle Vorlasten auf dem Objekt zum Beleihungswert der Immobilie stehen. Wenn Sie einen Kredit über 180.000 Euro aufnehmen wollen, um eine Immobilie mit einem Beleihungswert von 300.000 Euro zu finanzieren, ergibt sich ein Beleihungsauslauf von 60 Prozent. Hier kommt es je nach Bank, Auflagen der Bankenaufsicht Bafin und europäischen Richtlinien zu weiteren Ab- oder Zuschlägen.

Je niedriger der Beleihungsauslauf, desto geringer ist aus Sicht der Bank das Risiko bei einer Zwangsverwertung, was sich in einem günstigeren Zinssatz niederschlagen kann.

Der Beleihungswert entspricht übrigens nicht dem Verkehrswert oder dem Verkaufspreis der Immobilie. Der Beleihungswert gibt an, welchen Betrag ein Kreditgeber voraussichtlich erlösen kann, wenn er das Objekt im Rahmen einer Zwangsversteigerung auf den Markt bringt.

Kurz gesagt: Je höher der Beleihungsauslauf, desto größer ist das Risiko für die Bank und desto teurer wird der Zinssatz.

Es gilt also weiterhin: Je mehr direktes und indirektes Eigenkapital vorhanden ist, desto besser.

Der zweite wesentliche Faktor für den Zinssatz bei Darlehen ist das allgemeine Zinsniveau. Dies können Sie jedoch nicht direkt steuern. In den letzten Jahren waren die Baufinanzierungszinsen historisch niedrig. Banken haben Darlehen mit Zinssätzen von 0,x Prozent angeboten, während Ihre Eltern und Großeltern wahrscheinlich mit Zinssätzen von sieben oder sogar zwölf Prozent finanziert haben. Bei Abschluss dieses Manuskriptes stiegen die Zinsen indes wieder an, sind aber weit entfernt von den 1970er- oder 80er-Jahren. Wo diese Reise hingeht, steht allerdings in den Sternen – die Volatilität lässt sich kaum voraussagen.

Der dritte Faktor sind die beiden Komponenten Zinsbindung und Tilgungsrate. Je länger die Bank Ihnen den Zins garantiert, desto teurer wird das Darlehen im Vergleich zu derselben Summe, aber mit kürzerer Zinsbindung. Mit diesem Zinsaufschlag sichern sich die Kreditinstitute gegen Veränderungen im Zinsniveau ab. Je niedriger die allgemeinen Zinssätze wurden und je unsicherer die weitere Entwicklung vorhersehbar war, desto längere Zinsbindungen wurden angeboten. Auch hier ging es darum, Risiken zu minimieren. Verständlicherweise wäre es aus Sicht einer Bank fatal, einem Kunden einen Zinssatz von 0,x Prozent über 30 Jahre zu garantieren, wenn absehbar ist, dass die Zinsen mittelfristig wieder auf drei, vier oder fünf Prozent steigen. Schließlich will und muss eine Bank auch Geld verdienen.

Einfluss hat auch die anfängliche Tilgungsrate. Darauf werden wir jedoch im nächsten Kapitel noch näher eingehen.

Eine abschließende Bemerkung: In den Angeboten der Banken (und auch bei Vergleichsportalen) steht nicht ohne Grund immer der Hinweis „ab" vor einem Zinssatz. Denn Ihr Immobiliendarlehen hat immer einen individuellen Zinssatz, der einerseits das mit der Immobilie verbundene Risiko und andererseits das mit der Person verbundene Risiko berücksichtigt. Vor einigen Jahre machte eine Bank Werbung mit einem Slogan, auf den ich fast ein wenig neidisch war: „Konzept schlägt Kondition." Denn da ist etwas Wahres dran. Statt ausschließlich auf den Zinssatz zu schielen, ist es viel wichtiger, dass das Konzept Ihrer Finanzierung optimal zu Ihnen passt und Sie genau nach Ihren Wünschen und Prämissen das Eigentum erwerben.

Aber noch mal zurück zur Kondition: Die Banken berücksichtigen bei der Zinskalkulation verschiedene Faktoren sowohl positiv als auch negativ:

Positiver Einfluss	Negativer Einfluss
Beamtenstatus Angestelltenverhältnis	Selbstständigkeit
hohes Festgehalt	hohe variable Vergütungsanteile
Eigennutzung der Immobilie	Vermietungsobjekt
Gute Lage	Immobilien in weniger guten Lagen
Neubau oder frisch saniert	ältere Immobilie
Guter Schufa-Score	Niedriger Score bzw. negative Einträge

Wenn Sie wie ich selbstständig sind, können Sie von dem negativen Verständnis der Banken gegenüber Selbstständigkeit frustriert sein. Doch rein aus Sicht der Risikominimierung ist die Selbstständigkeit zumindest mathematisch betrachtet riskanter als eine Festanstellung.

Im einfachsten, jedoch selten anzutreffenden Fall leihen Sie sich die benötigte Summe für den Immobilienerwerb mit einem einzigen Darlehen von einem Darlehensgeber. Die verschiedenen Darlehensarten werden im nächsten Kapitel behandelt.

In der Praxis handelt es sich bei der Immobilienfinanzierung jedoch eher um ein Finanzierungskonzept, bei dem die benötigte Kreditsumme aus verschiedenen Quellen stammt. Sie vermuten bereits richtig, dass es sinnvoll ist, mit erfahrenen Finanzberatern zusammenzuarbeiten, die Ihnen bei der Entwicklung eines solchen Konzepts helfen und Ihnen erklären können, welche Vorteile es für Sie bietet. Kurz: Niemand von uns hat in der Schule gelernt, wie eine Immobilienfinanzierung funktioniert. Und niemandem gelingt es, nach der Lektüre von ein paar Webseiten oder auch dieses Buches zu einem Experten in dieser Hinsicht zu werden. Erinnern Sie sich bitte an die Einleitung: Mein Ziel ist es, dass Sie informierte Entscheidungen treffen können, also einige grundlegende Werkzeuge und deren Funktionsweise verstehen. Das Motto lautet nicht: „In zehn Schritten zum Finanzierungsberater."

Ziel der Immobilienfinanzierung ist es immer, dass Sie ein möglichst günstiges Darlehen erhalten. Aber der Weg dahin, der bleibt individuell. Sie wissen bereits heute, dass Sie in absehbarer Zeit eine größere Summe erhalten? Dann liegt es nahe, auf die Möglichkeit einer Sondertilgung zu achten. Doch das muss – auch wenn es zunächst sinnvoll klingt – trotzdem nicht der beste Weg sein. Denn das Geld eben nicht für eine Sondertilgung zu nutzen, sondern hoch verzinst anzulegen, um später ein endfälliges Darlehen abzulösen, kann sich dennoch rechnen.

In den Beratungen stelle ich immer wieder fest, wie stark wir doch von der Schule, Werbung und auch Elternhaus geprägt sind. Nicht nur unter dem Aspekt, lieber zu sparen, als ein Risiko einzugehen. Sondern auch in Hinblick auf Schulden: Lieber möglichst schnell tilgen, sich die Schulden vom Leib schaffen. Das freut natürlich den Darlehensgeber. Muss aber eben nicht richtig sein. Damit sind wir einmal mehr beim Aspekt der Steuern. Wenn Sie die Immobilie nämlich vermieten, können Sie die Geldbeschaffungskosten, also die Zinsen des Darlehens, von der Steuer absetzen. Es kann sich also als vorteilhaft erweisen, möglichst lange nicht zu tilgen und stattdessen den rechnerischen Tilgungsanteil anzulegen. Da steht uns dann oft aber unsere anerzogene Mentalität im Wege.

Tipp: Es kommt auf den Einzelfall und das Konzept an! Treiber für solche Konzepte sind immer Ihre individuelle Situation, Ihre Rückzahlungswünsche und vor allem der Preis. Niemand möchte für geliehenes Geld zu viel bezahlen. Genau das kann jedoch passieren, wenn Sie nur ein Darlehen verwenden.

7.2.2 Verschiedene Finanzierungsarten
Dazu ein paar Gedanken:

- Es gibt Darlehen, bei denen Sie während der Frist, während der die Bank Ihnen garantiert, die Zinsen nicht zu verändern, das Darlehen gar nicht tilgen. Sie zahlen also lediglich die anfallenden Zinsen. Als Ersatz für diese Tilgung könnte ein

Bausparvertrag verwendet werden, dessen Auszahlung idealerweise mit dem Ende der Zinsbindung des ersten Darlehens zusammenfällt. Sie tilgen also teilweise mit dem Bausparvertrag.

- Bausparkassen bieten teilweise auch sogenannte Vorausdarlehen an. Sie schließen den Vertrag ab, müssen nun aber nicht wie sonst jahrelang monatlich den Vertrag besparen, bevor dieser zur Auszahlung kommt („zuteilungsreif ist"), sondern erhalten diese Summe sofort. Diese Summe kann als Nachweis für Eigenkapital verwendet werden, um so andere Darlehen zu erhalten.

- Indirekt (auf Dauer) sparen Sie, wenn Sie bei einem Neubau (und Altbaukauf) gleich auf öffentliche Fördermaßnahmen achten, welche über die KfW (www.kfw.de) angeboten werden. Beispiel: Die aktuelle Diskussion um das Thema „Energetische Sanierung" wird früher oder später über die KfW in Förderprogrammen umgesetzt werden.

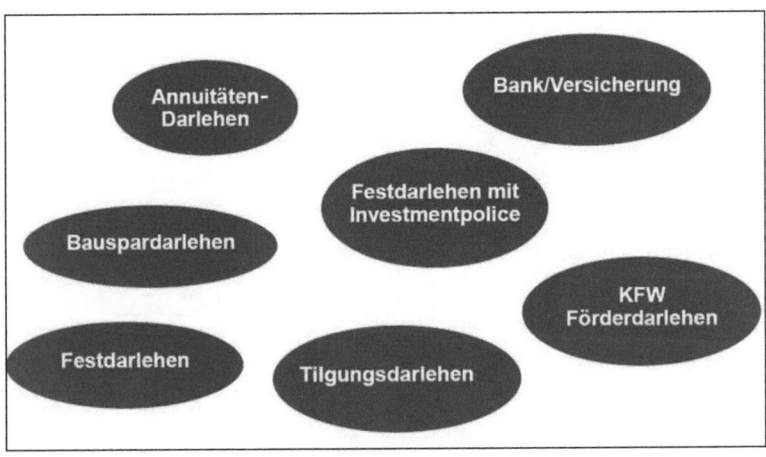

Abb. 8: Ungewerteter Überblick über verschiedene Finanzierungsarten
Quelle: eigene Darstellung

Es gibt sehr viele Spielarten, wie sich ein solches Konzept realisieren lässt. Ihr Finanzberater kennt diese Werkzeuge und sollte damit umgehen können.

Sondertilgungen und Besicherungen
Beim Abschluss einer Immobilienfinanzierung gibt es ein paar Dinge, auf die Sie auch ohne großes Vorwissen achten können (und sollten!).

- Möglichkeit von Sondertilgungen: Es muss ja nicht immer eine dicke Jahresprämie, eine Erbschaft oder der erhoffte Lottogewinn sein: Wer auf einen Geldsegen hoffen darf und kann, sollte darauf achten, dass sein Darlehensvertrag Sondertilgungen zulässt. Und zwar am besten regelmäßig – und vor allen Dingen ohne Zinsaufschläge.

Mit einer Sondertilgung zahlen Sie liquide Mittel, die beim Abschluss des Darlehens noch nicht zur Verfügung standen, an die Bank, um so einen Teil des Darlehens zu tilgen. Sie tragen die Schuld also schneller ab. Das lohnt sich natürlich nur dann, wenn Sie von der Bank nicht dadurch bestraft werden, indem Sie mehr Zinsen zahlen müssen.

- Besicherung: Der unter Produktmanagern von Immobilienfinanzierungen gern verwendete, wenn auch zynische Satz „Zahlen oder zelten" beschreibt ein wesentliches Element bei allen Immobiliendarlehen. Den Kredit gibt es nur gegen Sicherheiten. Und das ist in der Regel die Immobilie selbst.
- Die in Deutschland am häufigsten genutzte Form der Sicherheit ist die Grundschuld. Sie wird notariell beglaubigt und ist im Grundbuch eingetragen. Und hier kommt es auf die Stellung im Grundbuch an. Ohne zu sehr ins Detail gehen zu wollen: Kommt der Kreditnehmer seiner Verpflichtung nicht

nach, berechtigt dies die Bank, das Darlehen zu kündigen. Die Konsequenz ist, dass damit der offene Betrag sofort fällig ist. Und das ist dann nur durch die Verwertung der Immobilie im Rahmen einer Zwangsversteigerung möglich. Hier versuchen Banken immer den ersten Rang in der Liste zu erhalten, denn dann sind sie bevorrechtigt, wenn es um die Verteilung der Erlöse geht.

- Dies bedeutet nicht, dass es nicht auch Darlehen gibt, die nachrangig abgesichert sind. Die Bank lässt sich darauf aber nur ein, wenn die Bonität der Kunden sehr gut ist.

Es gibt zwei Formen der Grundschuld: Buchgrundschuld und Briefgrundschuld.

Bei der Briefgrundschuld wird die Grundschuld nicht allein in das Grundbuch eingetragen, sondern zusätzlich ein Dokument – der Grundschuldbrief – erstellt. Dieses Dokument kann auch an andere übertragen werden, ohne erneute Gebühren für einen Grundbucheintrag. Verbreiteter ist aber die klassische Buchgrundschuld.

Die Grundschuld erlischt übrigens nicht automatisch, sobald Sie Ihr Darlehen abbezahlt haben. Sie kann auch bestehen bleiben. Das kann sogar vorteilhaft sein, falls Sie zu einem späteren Zeitpunkt erneut ein Darlehen in Anspruch nehmen wollen.

Tipp: Keine Sorge: Es ist gesetzlich geregelt, wie eine Grundschuld in Anspruch genommen wird. Das alleinige Vorhandensein der Grundschuld führt nicht dazu, dass die Bank zur Zwangsversteigerung schreiten kann, sofern Sie das Darlehen regulär bedienen oder sogar getilgt haben.

- Vorfälligkeitsentschädigung: Dieser Begriff wird Ihnen im Zusammenhang mit Immobiliendarlehen ebenfalls häufiger begegnen. Dabei handelt es sich um eine Art Wiedergutmachung, die die Banken verlangen, wenn Sie einen Kredit vorzeitig zurückführen. Wie bereits erwähnt, ist der Zinssatz, den Ihnen die Bank mitteilt, individuell für Sie berechnet. Dabei geht die Bank von regelmäßigen Zinszahlungen aus, die Sie über die Bindungsfrist hinweg leisten. Tilgen Sie das Darlehen nun vor diesem Zeitpunkt, entgeht der Bank natürlich über einen längeren Zeitraum dieser Zins. Um sich hier schadlos zu halten, wird eine Vorfälligkeitsentschädigung verlangt und berechnet.

Zur Berechnung gibt es verschiedene Methoden, die zu erklären etwas den Rahmen sprengen würde, aber gesetzlich geregelt ist. In einem besonderen Fall zahlen Sie keinesfalls eine Vorfälligkeitsentschädigung: Gemäß § 489 BGB ist eine Kündigung des Darlehens nach zehn Jahren Laufzeit möglich. Gerechnet wird hierbei ab dem vollständigen Erhalt der Darlehenssumme. Nach Ablauf der zehn Jahre ist jederzeit mit einer Frist von sechs Monaten eine Kündigung möglich. Vorfälligkeitszinsen für die Rückzahlung der Restschuld fallen in diesem Fall nicht an.

7.3 Tilgungs- und Finanzierungspläne verstehen

Wie im vorherigen Kapitel erwähnt, setzt sich eine Immobilienfinanzierung oft aus verschiedenen Bausteinen zusammen. Ihr Finanzberater und Sie haben hier die Wahl zwischen einer Vielzahl von verschiedenen Produkten, die an dieser Stelle kurz vorgestellt werden sollen.

- Annuitätendarlehen: Dies ist der bekannteste und wohl auch der am häufigsten verwendete Finanzierungstyp für Immobilien. Der Name des Darlehens stammt von der gezahlten „Annuität". Sie zahlen monatliche feste Raten, die sich aus zwei Komponenten zusammensetzen: dem für das

Darlehen fälligen Zins und einem Tilgungsanteil zur Rückzahlung des geliehenen Betrags. Ohne Tilgung würden Sie nur die Zinsen bezahlen und die Bank würde ihr Geld nicht zurückbekommen.

Das Annuitätendarlehen ist aufgrund von zwei Faktoren beliebt. Erstens bietet es eine hohe Planbarkeit, da die Darlehensraten über einen langen Zeitraum konstant bleiben. Dies wird durch die Zinsbindung erreicht, bei der der Zinssatz für zehn oder 20 Jahre festgelegt wird. Bei Abschluss des Darlehens legen Sie einen anfänglichen Tilgungsanteil fest. Im Allgemeinen gilt: Je höher dieser Anteil ist, desto besser. Er sollte so gewählt werden, dass die Annuität bequem bedient werden kann, aber ein höherer Tilgungsanteil führt auch zu einer schnelleren Rückzahlung des Darlehens.
Beispiel zum Verständnis:

- Kreditbetrag 100.000 Euro
- Sollzinssatz fünf Prozent
- Anfängliche Tilgung ein Prozent

Berechnung der Monatsrate:
Fünf Prozent Sollzins + ein Prozent Tilgungsanteil = sechs Prozent
Sechs Prozent von 100.000 Euro = 6.000 Euro
6.000 Euro / 12 Monatsraten = 500 Euro Monatsrate

Beim Annuitätendarlehen wird immer nur von anfänglicher Tilgung gesprochen, weil sich das Verhältnis zwischen Zinsen und Tilgung während der Rückzahlung zunehmend zugunsten der Tilgung verschiebt. Dies ist anfangs kaum bemerkbar, aber mathematisch unveränderlich. Die Zinsen werden immer nur auf den noch ausstehenden Betrag berechnet, der noch nicht zurückgezahlt wurde.

- Tilgungsdarlehen: Es ist, wenn Sie so wollen, das Gegenstück zum Annuitätendarlehen. Das Besondere an einem Tilgungsdarlehen ist die fest vereinbarte und über die gesamte Kreditlaufzeit gleichbleibende Tilgungsrate sowie die sinkende Gesamtrate. Die Rate muss sinken, weil Sie ja immer mehr vom Kredit tilgen, die Zinsen aber nur auf die noch offene Summe zu zahlen sind.
- Voll- oder Schnelltilgerdarlehen: Bei einem Volltilgerdarlehen, das auch gerne als Schnelltilgerdarlehen bezeichnet wird, handelt es sich eigentlich um ein klassisches Annuitätendarlehen. Es unterscheidet sich jedoch in einem wichtigen Punkt: Am Ende der Laufzeit und der Zinsbindung ist der Kredit vollständig abbezahlt.

Um dieses Ziel zu erreichen, wird die anfängliche Tilgungsrate so berechnet, dass keine Restschuld übrig bleibt. Der Vorteil liegt im psychologischen Moment: dem (guten) Gefühl, eine Immobilie sehr schnell schuldenfrei zu besitzen. Ein Nachteil besteht jedoch darin, dass die monatlichen Raten im Vergleich zu einem klassischen Annuitätendarlehen höher ausfallen, da die Tilgung höher ist. Nicht jeder kann es sich leisten, die gesamte Kreditsumme über einen relativ kurzen Zeitraum, etwa zehn oder 15 Jahre, mit einem Volltilgerdarlehen zurückzuzahlen.

Tipp: Allerdings können sich in Bezug auf die Kreditkosten Konstellationen ergeben, bei denen die Kombination aus Annuitätendarlehen und einem Volltilgerdarlehen vorteilhaft ist. Dies führt uns wieder zum Thema verschiedener Finanzierungskonzepte.

- Endfälliges Darlehen: Diese Darlehensform kann sinnvoll sein, wenn Sie erst zu einem späteren Zeitpunkt über das benötigte Geld verfügen und in der Zwischenzeit eine Überbrückung finanzieren wollen. Sinnvoll kann das auch sein, wenn Sie den rechnerischen Tilgungsanteil zu einem höheren Zinssatz investieren können oder Sie die Zinsen, wenn die Finanzierung für eine fremdgenutzte Wohnung verwendet wurde, steuerlich geltend machen können.

Es wird keine Tilgung vereinbart, sodass Sie lediglich Zinsen auf den Kreditbetrag zahlen. Der Darlehensbetrag bleibt während der Laufzeit unverändert. Am Ende der Zinsbindung wird das Darlehen fällig und muss dann zurückgezahlt werden.

- Forward-Darlehen: Mit einem Forward-Darlehen sichern Sie sich über einen längeren Zeitraum einen Zinssatz, da Sie am Ende der Zinsbindung ein Angebot der Bank für ein Anschlussdarlehen erhalten, möglicherweise zu einem anderen Zinssatz. Wenn steigende Zinsen erwartet werden, kann der Abschluss eines Forward-Darlehens sinnvoll sein.

Dabei handelt es sich um einen verbindlichen Darlehensvertrag, den Sie lange vor der Auszahlung abschließen, und zwar zu den aktuellen Zinssätzen. Diese liegen jedoch leicht über den zum selben Zeitpunkt geltenden Zinssätzen für andere Darlehensarten. Dennoch kann Ihnen das Forward-Darlehen viel Geld sparen, vorausgesetzt, die Zinsen steigen deutlich – so geschehen in 2022 und 2023.
Es ist jedoch wichtig zu beachten, dass es sich um einen verbindlichen Darlehensvertrag handelt. Sie müssen die vereinbarte Kreditsumme und den vereinbarten Zinsbetrag übernehmen, unabhängig davon, ob die Zinsen in der Zwischenzeit gesunken sind.
Deshalb sollten Sie sich unbedingt beraten lassen, wenn Ihre Immobilienfinanzierung in einem absehbaren Zeitraum (60 Monate) ausläuft. Ein Marktkenner und Finanzberater weiß, ob sich der Abschluss eines Forward-Darlehens dann noch lohnt.
Das ist aber längst noch nicht alles. Es gibt noch andere Darlehensarten, mit denen sich eine Immobilienfinanzierung darstellen lässt.

Diese sind aber eher selten in Gebrauch, deswegen soll an dieser Stelle auf eine Erläuterung verzichtet werden.

7.4 Faktoren der Rentabilität

Im Zusammenhang mit einer Immobilienfinanzierung gibt es, wie bereits erwähnt, zwei wesentliche Motivatoren für den Kauf oder Bau einer Immobilie. Der erste ist der Wunsch, ein eigenes Zuhause für die Familie zu schaffen, mit einem schönen Garten für die Kinder zum Spielen und als Ort für regelmäßige Zusammenkünfte. Die Kriterien für die Wahl des Standorts sind in diesem Fall eine gute Verkehrsanbindung, viel Grün sowie Schulen und Kindergärten in der Nähe.

Ein weiterer Grund für den Erwerb einer Erst- oder Zweitimmobilie kann darin bestehen, sein Geld gewinnbringend zu investieren und die Immobilie zu vermieten. Hierbei spielt die Lage ebenfalls eine Rolle, wobei auch Immobilien außerhalb des aktuellen Wohnortes in Betracht gezogen werden können.

Bei reinen Renditeobjekten müssen andere Kriterien berücksichtigt werden:

- Bei Bestandsimmobilien sind die aktuellen Mieteinnahmen und der Vergleich mit örtlichen Vergleichsmieten wichtig.
- Für Gewerbeimmobilien gilt grundsätzlich Vertragsfreiheit, aber die Entwicklung des näheren und weiteren Umfelds sowie die offiziellen Entwicklungsabsichten der Raumplanung sind entscheidende Faktoren.

Bei der Entscheidung für eine Immobilie und deren Lage sollten Sie vorsichtig sein, wenn es um ‚gute Ratschläge' und ‚Insidertipps' geht. Was Sie aber gemeinsam mit Ihrem Berater oder einer vertrauten Person unbedingt machen sollten:

- Inspektion des Objekts: Sehen Sie sich die Immobilie möglichst persönlich an und beauftragen Sie einen Sachverständigen zur Begutachtung der Bausubstanz.
- Vergleichen Sie den geforderten Kaufpreis mit dem Verkehrswert der Immobilie. Lassen Sie komplexe Bewertungen wie das Ertragswertverfahren von erfahrenen Immobilienexperten durchführen.

Unterschreiben Sie den Vertrag erst, wenn alle Signale auf Grün stehen und Sie sicher sind, dass Sie den Kauf tätigen möchten. Es muss jedoch fairerweise gesagt werden, dass man sich selbst mit größter Umsicht nicht vollständig vor Fehlschlägen schützen kann. Dies gilt sowohl für klassische Investitionen in Wertpapiere als auch für Immobilien. Ein Depot hat den Vorteil, dass es in der Regel schneller umgeschichtet als eine Immobilie verkauft werden kann. Und die COVID-19-Pandemie hat gezeigt, dass externe Faktoren den Immobilienmarkt massiv beeinflussen können und die Rendite dann fraglich sein kann, insbesondere bei gewerblichen Immobilien.

7.5 Leverage-Effekte bei Immobilien

Bisher sind wir in diesem Buch gemeinsam davon ausgegangen, dass Ihr Wunsch darin besteht, sich den Traum von einer Immobilie zu erfüllen, sei es für den eigenen Wohnbedarf oder als langfristige Investition. Bei einer Immobilie als Investition gibt es jedoch einige zusätzliche Aspekte zu berücksichtigen, und es empfiehlt sich, einen Finanzberater zu konsultieren, da gewerblich genutzte und vermietete Immobilien in der Regel nicht zum Standardrepertoire der Finanzierungsplattformen gehören. Die Rentabilität spielt hierbei eine wichtige Rolle, und ein Kreditgeber wird in der Regel die Gewährung eines Darlehens auch von einer genauen Berechnung abhängig machen, die im Ertragswertverfahren ermittelt wird.

Früher – in den 1970er- und 80er-Jahren – konnten Menschen beträchtliche Vermögen mit Immobilien aufbauen, obwohl die Darlehenszinsen hoch waren. Dies funktionierte folgendermaßen: Mit Eigenkapital wurde eine günstige Immobilie erworben und renoviert, um sie zu vermieten. Das nun rentable Objekt wurde dann als Sicherheit für ein Darlehen genutzt. Das Darlehensgeld wurde als Eigenkapital für den Kauf einer zweiten Immobilie verwendet, die ebenfalls renoviert und vermietet wurde. Durch kluge Kalkulation konnte das erste Darlehen aus den Mieteinnahmen bedient werden. Auf diese Weise entstand eine Kette von Investitionen und Eigentum.

Heutzutage ist es jedoch nicht mehr so einfach, da baurechtliche Vorschriften umfangreich sind und die Sanierung eines Hauses finanziell eine Herausforderung sein kann.

Der oben beschriebene Ansatz zeigt die scheinbar paradoxen Vorteile einer bewussten Verschuldung, die die Rentabilität steigern und den Vermögensaufbau beschleunigen kann. Hierbei ist es jedoch wichtig zu betonen, dass die Verschuldung einen realen Gegenwert und Einnahmen haben muss, wie es bei Immobilien der Fall ist. Dieser Effekt wird als Leverage-Effekt bezeichnet. Der Leverage-Effekt tritt auf, wenn die Fremdkapitalkosten (Zinsen) niedriger sind als die Rendite, die Sie durch die (Miet-)Einnahmen erzielen. Auf diese Weise profitieren Sie insgesamt von den niedrigen Zinsen und der Verschuldung.

Aus eigener Erfahrung weiß ich, dass viele Menschen zunächst Bedenken haben, diesen Schritt zu gehen. Die deutsche Mentalität ist geprägt von einer Abneigung gegen Schulden und dem Bestreben, möglichst viel zu sparen. Aber wer den Sprung vom Sparer zum Investor wagt, eröffnet sich durch den Leverage-Effekt mehr Chancen und Möglichkeiten.

Zur Verdeutlichung zwei Szenarien:

- Im ersten Szenario verwenden Sie für den Immobilienkauf 300.000 Euro Eigenkapital und nehmen für den Rest ein Darlehen zu einem Zinssatz von zwei Prozent auf. Die jährlichen Mieteinnahmen ergeben einen Gewinn von 10.000 Euro. Ihre Eigenkapitalrendite liegt bei etwa drei Prozent.
- Im zweiten Szenario nehmen Sie ein größeres Darlehen auf und setzen lediglich 50.000 Euro Eigenkapital ein, bei ebenfalls zwei Prozent Zinsen. Die höheren Zinskosten (7.000 Euro) ergeben einen Gewinn von 5.000 Euro. Wenn Sie dies jedoch in Relation zu Ihrem Eigenkapital setzen, beträgt Ihre Rendite zehn Prozent!

Sollten Sie jetzt einfach massiv Schulden machen? Ganz so voreilig sollten Sie nicht sein. Ob sich der Leverage-Effekt lohnt, hängt auch davon ab, in welcher Phase des Vermögensaufbaus Sie sich befinden, sowie von der Machbarkeit und den aktuellen Zinsen. Beispiele:

- Investor A: Er ist jung und hat etwas Kapital angespart. Sein Ziel ist es, ein großes Immobilienvolumen aufzubauen und möglichst wenig Eigenkapital einzusetzen. Für ihn kann sich der Leverage-Effekt lohnen, obwohl er höhere Zinsen zahlen muss. Da der Fremdkapitalanteil hoch ist, kann er bei einem niedrigen Zinsniveau eine lohnende Rendite erzielen, und sein Vermögen wird langsam wachsen.
- Investorin B: Sie hat bereits länger Zeit gehabt, Vermögen aufzubauen, und verfügt nun über beträchtliche liquide Mittel. Ihr Ziel liegt eher in einer sicheren Geldanlage und einem zusätzlichen Einkommen aus den Mieteinnahmen ihrer neuen Immobilie. In ihrem Fall kann es sinnvoller sein, möglichst viel Eigenkapital in die Finanzierung einzubringen, um niedrigere Zinsen und einen höheren Gewinn aus den Mieteinnahmen zu erzielen. Obwohl ihre Eigenkapitalrendite

im Vergleich zu Investor A schlechter ausfällt, hat sie sofort rentable Mieteinnahmen und kann ihr Vermögen inflationsgeschützt anlegen.

Die Welt ist bekanntlich nicht schwarz und weiß, daher gibt es hier auch Mischungen und individuelle Szenarien. Und ja, Sie wissen es bereits: Ihr Finanzberater kennt den optimalen Weg für Ihre persönliche Situation.

8. Die besten Jahre

8.1 Beruhigt im Ruhestand

Sie gehören zu den Menschen, die heute gerne als „Best Ager" oder „Generation 50+" bezeichnet werden? Obwohl Sie noch einige Jahre bis zur gesetzlichen Altersgrenze für den Ruhestand haben, ist es an der Zeit, darüber nachzudenken, wie es weitergeht und wie Sie Ihr Vermögen erhalten, im Alter genießen und an die nächste Generation weitergeben können. Auch wenn der Gedanke uns vielleicht erschreckt, ist unsere Sterblichkeit ein Teil des Lebens, und es ist daher wichtig, Vorkehrungen zu treffen, unabhängig davon, ob Sie Immobilien, ein Unternehmen oder andere Vermögenswerte zu vererben haben.

8.2 Schenkungs- und Erbschaftssteuer vermeiden

Wenn mich Kundinnen und Kunden zum ersten Mal besuchen, gehört eine umfassende Finanzanalyse auch zum Bereich der Vorsorge. In diesem Zusammenhang frage ich auch nach dem familiären Umfeld und ob bereits Vorkehrungen für das Alter getroffen wurden. Während sich junge Menschen erwartungsgemäß noch nicht allzu viele Gedanken darüber gemacht haben, höre ich bei älteren Menschen häufig Bedenken hinsichtlich der Erbschaftssteuer. Wer hart für sein Vermögen gearbeitet hat, möchte verständlicherweise einen möglichst großen Teil davon erhalten, wenn es an die Vermögensübertragung geht.

Grundsätzlich gilt: Eine Erbschaft unterliegt der Steuerpflicht, und daran führt kein Weg vorbei. Ob und wie viel Steuer auf die Erbschaft entfällt, hängt vom Wert der Erbschaft (Verkehrswert) und vom Verwandtschaftsverhältnis zwischen Erblasser und Erben ab.

Dabei gilt: Je enger das Verwandtschaftsverhältnis, desto niedriger fällt die Steuer aus. Denn für enge Verwandte gibt es höhere Freibeträge und sie werden einer günstigeren Steuerklasse zugeordnet.

Ehepartner werden, abhängig vom Wert der Erbschaft, mit einem Steuersatz von sieben bis 30 Prozent besteuert (Steuerklasse I). Geschwister werden in Steuerklasse II eingestuft und zahlen Erbschaftssteuer in Höhe von 15 bis 43 Prozent. Personen, die nicht mit dem Erblasser verwandt sind, fallen in Steuerklasse III und zahlen mindestens 30 Prozent Erbschaftssteuer.

Zahlen müssen die betroffenen Personen aber nur dann, wenn das Erbe über den jeweils gültigen Freibeträgen liegt. Das sieht zum Redaktionsschluss so aus:

	Freibetrag	Steuer-klasse
Ehegatten und eingetragene Lebenspartner	500.000 €	I
Kinder und Stiefkinder	400.000 €	I
Enkel (Eltern verstorben)	400.000 €	I
Enkel (Eltern noch lebend)	200.000 €	I
Urenkel	100.000 €	I
Geschwister, Nichten und Neffen	20.000 €	II
Geschiedene Ehegatten und getrennte Lebenspartner	20.000 €	II
alle anderen Erben	20.000 €	II

Die Freibeträge von 500.000 Euro für Ehegatten (und 400.000 Euro pro Kind) mögen zunächst viel Spielraum bieten. Angesichts der aktuellen Immobilienpreise in guten Lagen wird dieser jedoch schnell erreicht. Hinzu kommen noch weitere Vermögenswerte. Im Zweifelsfall kann dies zu einer erheblichen Steuerlast für die Erben führen.

Es ist daher sinnvoll, frühzeitig darüber nachzudenken, wie sich die Steuerlast optimieren lässt. Zwei ‚typische' Fälle, über die Sie in diesem Zusammenhang genauer nachdenken sollten:

Das weit verbreitete „Berliner Testament": In Kurzform besagt es, dass sich die Ehegatten gegenseitig als Alleinerben einsetzen. Mit anderen Worten, vorhandene Kinder und Enkelkinder gehen (mit Ausnahme des Pflichtteils) vorerst leer aus. Dieses Testament ist einfach aufgesetzt, kann aber zu einem echten Problem werden:

- Beim Erbfall fällt die Erbschaftssteuer für den überlebenden Ehegatten oder Lebenspartner an. Stirbt dieser dann auch, müssen die erbenden Kinder erneut Erbschaftssteuer zahlen. Dies ist also wenig vorteilhaft, wenn es darum geht, die Erbschaftssteuer zu minimieren. Unter steuerlichen Gesichtspunkten ist es somit besser, direkt an die Kinder zu vererben. Da es beim Berliner Testament nur einen Erbfall aus Sicht der Nachkommen gibt, gehen ihnen 50 Prozent der Freibeträge verloren. Wenn die eigenen Kinder jedoch bereits erwachsen sind, kann es sinnvoll sein, auch gleich die Enkel zu berücksichtigen.
- Wenn die Kinder gegenüber dem überlebenden Elternteil ihren Anspruch auf den Pflichtteil geltend machen, kann dies ein Liquiditätsproblem darstellen, wenn das Vermögen hauptsächlich in Sachwerten wie einer Immobilie besteht.
- Das Berliner Testament bindet beide Ehepartner. Wenn noch weitere Verfügungen darin enthalten sind, muss sich der überlebende Ehepartner auch daran halten. Er kann das Testament nicht einseitig ändern.

Es ist ratsam, diese Aspekte gründlich zu durchdenken und gegebenenfalls professionellen Rat hinzuzuziehen, um die steuerlichen Auswirkungen und Implikationen eines Testaments oder Erbvertrags richtig zu verstehen.

Noch komplizierter wird das alles natürlich, wenn nicht nur Wertpapiere, Bargeld, Kunstgegenstände und eine Immobilie vererbt werden, sondern ein Teil des Vermögens auch in einer gemeinsamen Firma steckt.

Um die Erbschaftssteuer zumindest zu minimieren, gibt es eine Reihe von legalen Möglichkeiten. Dabei spielt der zeitliche Horizont eine wichtige Rolle:

- Bei Schenkungen gibt es ebenfalls einen Freibetrag. In Hinblick auf die Steuerklassen und Freibeträge sind die Sätze übrigens nahezu identisch mit der Erbschaftssteuer. Diese können die Beschenkten aber alle zehn Jahre voll ausschöpfen. Eltern können somit den Kindern 400.000 Euro schenken, ohne dass eine Steuer fällig wird.
- Dies gilt übrigens pro Kind und pro Elternteil. Und das kann vorteilhaft sein. Denn bei einer Immobilie, deren Eigentümer beide Elternteile sind, sind somit alle zehn Jahre immerhin 800.000 Euro pro Kind zu verschenken.

Für die meisten Fragestellungen im Zusammenhang mit dem Erbe sollten drei Gewerke Hand in Hand arbeiten. Das sind ein Steuerberater, ein Notar, der auf Erbrecht spezialisiert ist, und ein Finanzberater. Denn der hat Instrumente an der Hand, die die beiden anderen Gewerke nicht zur Verfügung haben.

8.2.1 Nießbrauchsrechte, Übertragungen und Schenkungen
Sehr genau sollten Sie nachdenken, wenn Sie die Eintragung eines Nießbrauchrechts erwägen. In einfachen Worten bedeutet dies, dass Sie die Immobilie bereits zu Ihren Lebzeiten an die Kinder übertragen. Die werden dann Eigentümer. Im Gegenzug erhalten Sie dann ein garantiertes Recht, in der Immobilie wohnen zu bleiben.

So schön dies für die Elterngeneration auch ist, hat die Eintragung des Nießbrauchrechts auch einen Nachteil. Sie wird im Grundbuch erstrangig eingetragen – auf diese Position wollen aber auch eventuelle Darlehensgeber. Mit anderen Worten: Möchte der Nachwuchs als Immobilieneigentümer etwa ein Darlehen aufnehmen, um eine größere Renovierung durchführen zu können, kann es passieren, dass Banken diese Finanzierung ablehnen. Damit hat sich also niemand einen Gefallen getan.

Zudem gehört das Nießbrauchrecht auch zum Erbe der Kinder. Ergibt sich im Todesfall der Eltern – je nach Sterbedatum – daraus ein zu vererbendes Kapital, kann möglicherweise also doch Erbschaftssteuer anfallen. Der Schritt will also wohl bedacht sein, und zwar nicht allein mit Steuerexperten, sondern auch mit Finanzberatern. Möglicherweise ist der Verkauf an die Kinder, die dann zu den Vermietern werden, unter Gesichtspunkten der Rendite und der Flexibilität doch die bessere Variante.

Übertragung meint nicht unbedingt eine Schenkung. Hier gehen im allgemeinen Sprachgebrauch leider die Begriffe recht stark durcheinander. Und natürlich können Eltern ihren Kindern auch eine Immobilie verkaufen. Es zwingt sie dabei niemand, den aktuellen Marktpreis zu fordern. Zu günstig darf es aber auch nicht sein, weil das Finanzamt sonst eine versteckte Schenkung vermuten darf. Dann wäre wieder eine Steuer fällig, die bei privaten Veräußerungsgeschäften jenseits einer Haltefrist von zehn Jahren nicht erhoben würde.

Bei einer Schenkung selbst fließt kein Geld. Die Juristen nennen das unentgeltliche Zuwendung. Die Schenkung selbst darf aber an Bedingungen verknüpft werden. Sofern die Beschenkten diese schriftlich fixierten Bedingungen nicht einhalten, können die Schenkenden das Geschenk zurückfordern.

Im Falle einer Immobilie werden die neuen Eigentümer in das Grundbuch aufgenommen. Deswegen wird hier auch der Begriff der Überschreibung genutzt. Eine Schenkung ist also auch immer eine

Überschreibung. Aber nicht jede Überschreibung ist eine Schenkung. Sofern die Immobilie noch nicht abgezahlt ist, also noch als Sicherheit für ein Darlehen dient, kann dieses nicht einfach mit übertragen werden. In der Praxis werden die Beschenkten dann einen neuen Darlehensvertrag auf eigenen Namen abschließen, mit dem dann das erste Darlehen getilgt wird.

Das Thema Erben, Schenken und Übertragen steckt voller juristischer und steuerlicher Details, die hier nur kurz angerissen werden konnten. Angesichts der Komplexität des Themas dürfte es nicht überraschen, dass es eine Reihe von Fachpublikationen gibt (siehe dazu auch das Literaturverzeichnis im Anhang).

Aber gerade vor dem Hintergrund der 10-Jahres-Frist bei der Schenkungssteuer sollten Sie lieber früher als später damit beginnen, sich für Ihren Nachlass zu interessieren.

8.3 Wenn die Unternehmensnachfolge ansteht

Wer im Laufe seines Berufslebens mit aller Energie ein Unternehmen aufgebaut hat, möchte es in sichere Hände übergeben. Viele Unternehmensinhaberinnen und -inhaber träumen von diesem Ziel. Zu diesem Thema sind inzwischen ganze Regalmeter an Ratgebern erschienen, die tiefer gehen, als dieses Buch es naturgemäß kann (siehe wiederum das Literaturverzeichnis im Anhang). Da die Unternehmensnachfolge jedoch auch Teil der Ruhestandsplanung ist und finanzielle Auswirkungen haben kann, möchte ich dazu aus meiner Sicht einige Gedanken beisteuern.

Der erste Schritt ist immer der schwerste, so heißt es ja landläufig. Und das gilt nach meinen Erfahrungen insbesondere bei der Nachfolgeplanung. Denn zu Beginn steht die Erkenntnis und die Entscheidung, den Betrieb übergeben zu wollen. Und das bedeutet eben auch loslassen. Denn eines muss klar sein: Ein Nachfolger, woher auch immer er stammt, wird auf Dauer die Einmischung eines „Senior-Chefs" kaum tolerieren. Das kann also nicht gut gehen.

Viele Unternehmer träumen davon, ihre Firma an die eigenen Kinder zu übergeben. Auch hier kann es schmerzliche Erfahrungen geben. Denn wenn die Kinder keine echten innerlichen Ambitionen hegen, das Unternehmen fortzuführen, ist das oft genauso schmerzhaft wie die Erkenntnis, dass zwar vielleicht die Bereitschaft da ist, aber es eigentlich an den notwendigen Fähigkeiten und Kompetenzen fehlt. Einer der gravierendsten Fehler, den die Elterngeneration machen kann, besteht darin, die Nachfolge an die Kinder zu emotionalisieren, also den Nachwuchs etwa durch Appelle an die Loyalität dazu zu bewegen, in die Firma einzusteigen. Solche eingeforderten oder gefühlten Verpflichtungen sind für beide Seiten schlecht. Sie frustrieren und sorgen für Familienzwist. Und das muss ja nicht sein.

Das Unternehmen kann auf verschiedene Arten weitergegeben werden:

- Weitergabe an Familienmitglieder: die eigenen Kinder oder auch entferntere Verwandte.
- Verkauf der Firma an eine externe Partei: Das kann ein ehemaliger Mitbewerber sein oder ein Nachfolger, den Sie selbst identifiziert haben und in Ruhe auf die neue Rolle vorbereiten.
- Zusammenschluss mit einem anderen Unternehmen.
- Ein sogenanntes Management Buy Out (MBO): Warum erst nach einem Nachfolger suchen, wenn es denn vielleicht schon in der Firma ein Team mit besonders geeigneten Führungskräften gibt? Bei einem MBO übernehmen ehemalige leitende Angestellte den Betrieb.

Als problematisch an der Sache kann sich erweisen, dass potenzielle Interessenten und der bisherige Firmeninhaber das

Unternehmen mit unterschiedlichen Augen sehen. Ein Phänomen, das auch oft beim Verkauf von Immobilien anzutreffen ist. Doch schon aus Eigeninteresse werden mögliche neue Inhaber den Betrieb in erster Linie unter wirtschaftlichen Gesichtspunkten sehen müssen. Und unter diesem Blickwinkel kann sich herausstellen, dass die Weitergabe des Betriebs schlicht nicht möglich ist.

- So manche Firma ist gar nicht für die Weitergabe geeignet, weil die aktuellen Inhaber hart an der Grenze der Wirtschaftlichkeit gearbeitet haben und dabei persönlich mehr leisteten, als eigentlich vertretbar gewesen ist.
- Das Unternehmen steht und fällt mit dem aktuellen Inhaber oder ist von einigen wenigen Kunden oder der Geschäftsbeziehung zu wenigen Lieferanten abhängig.
- Mit dem Wechsel an der Spitze allein wäre es nicht getan, sondern die Firma hat eine ungünstige Altersstruktur ihrer Fachkräfte oder die zweite Führungsebene ist im selben Alter wie die Geschäftsleitung.
- Es gibt einen regelrechten Investitionsstau (ebenfalls ähnlich wie bei Immobilien).
- Aufgrund dieser Faktoren fällt es den potenziellen Nachfolgern schwer, Geldmittel aufzutreiben, um den Kauf und die Modernisierung des Unternehmens zu finanzieren.

Erschwerend kommen oft noch zwei weiche Faktoren hinzu. Die qualifizierten Führungskräfte, die die Inhaber als potenzielle Nachfolger ins Auge gefasst haben, bevorzugen oft einen sicheren angestellten Managementjob gegenüber der Übernahme. Das ist aus Sicht der Betriebsinhaber zwar schade, aber sie können die Nachfolge nicht erzwingen.

Die Suche nach einem Nachfolger scheitert oft auch einfach daran, dass Unternehmerinnen und Unternehmer sich zu spät mit dem

Thema beschäftigen. Damit stehen wir wieder am Anfang des Kapitels. Denn die Entscheidung und damit der emotionale Abschied müssen viel früher geschehen, als es gemeinhin der Fall ist. Auf dem Weg zur Übernahme respektive Weitergabe ist einiges zu erledigen:

- Planung der Nachfolge inklusive der Suche nach geeigneten Kandidaten. Diese Planung umfasst nicht nur die wirtschaftlichen Details, also wie Unternehmensanteile weitergereicht werden sollen. Die Firma muss auch unter den neuen Eigentümern und Chefs weiter funktionieren. Hier sind einige Abläufe und Strukturen zu optimieren.
- Wer nicht vorhat, die Firma einfach seinen Kindern ohne Entgelt zu übergeben, muss sich Gedanken darüber machen, was der Kaufpreis des Betriebs sein soll. Eine Unternehmensbewertung, etwa nach dem Ertragswertverfahren, nimmt einige Zeit in Anspruch. Sie ist auch mit Kosten verbunden, da sie von einem Experten durchgeführt werden sollte.
- Potenzielle Interessenten wollen genau wissen, worauf sie sich einlassen. Entsprechend müssen Exposés und betriebswirtschaftliche Auswertungen umfangreich sein und auch verständlich aufbereitet werden.

Das alles nimmt viel Zeit in Anspruch und macht viel Arbeit. Dabei handelt es sich nur um die Grundlage, also was sich als Analyse und Strategiefindung bezeichnen lässt. Ist ein möglicher Nachfolger gefunden, geht es dann an die eigentliche Übergabe. Und hier ist es nicht damit getan, dem Nachfolger die Schlüssel zu übergeben. Es sind Kaufverträge und Finanzierungen zu kalkulieren. Dabei sind die Steuern zu berücksichtigen und zu optimieren. Und natürlich sind viele juristische Fragen zu klären, wobei der Kaufvertrag nur ein kleiner Teil ist. Auch Haftungsfragen spielen hier noch eine Rolle. Denken Sie nur an einen Handwerksbetrieb. Der Nachfolger wird sich gegen mögliche Ansprüche von Kunden absichern wollen, die aus Arbeiten entstehen, für die er keine Verantwortung getragen hat. Die operative Übernahme und Übergabe will auch begleitet und kommuniziert werden.

Die Nachfolgeregelung ist also ebenfalls ein umfangreiches Projekt, das die Expertise verschiedener Fachleute erfordert: Juristen, Steuerberater und auch Finanzberater. Denn diese können sich ebenfalls einen Eindruck davon verschaffen, was in Hinblick auf die Übertragung von Investitionen zu beachten ist. Vor allem stehen sie aber den bisherigen Eigentümern für die konkrete Planung der ‚Zeit danach' zur Seite, damit nicht nur das Unternehmen weiter besteht, sondern die ehemaligen Geschäftsinhaber auch die Früchte aus der Übergabe ernten können.

8.4 Soll ich stiften?

Wer seine Lebenskraft in den Aufbau eines Unternehmens gesteckt hat, macht sich zu Recht Sorgen darüber, was mit der eigenen Firma passiert, wenn er nicht mehr da ist. Einige Firmeninhaber versuchen daher, einen externen Nachfolger zu finden. Dies ist besonders sinnvoll, wenn keine Kinder vorhanden sind oder diese kein Interesse an der Übernahme haben. Allerdings ist es alles andere als einfach, jemanden Fremdes zu finden, der das Unternehmen im Sinne des Inhabers weiterführt.

So verwundert es eigentlich nicht, dass der Mittelstand gemäß einer aktuellen Untersuchung die Familiennachfolge bevorzugt.[12] Eine Nachfolgeregelung kann kompliziert werden, insbesondere wenn mehrere Kinder vorhanden sind und im Erbfall eine Erbengemeinschaft das Unternehmen erbt. Hier sind oft Konflikte vorprogrammiert, die letztendlich den Bestand der Firma gefährden können. Spätestens mit der nächsten Generation sind dann so viele Menschen an dem Unternehmen beteiligt, dass eine effiziente

---

12   Siehe dazu www.lbbw.de/artikelseite/pressemitteilung/unternehmensnachfolge-mittelstand_
ae1g7vjauh_d.html.

Führung kaum noch möglich ist und es viele verschiedene Meinungen zum weiteren Weg des Unternehmens gibt. Eine Familienstiftung kann das Erbe zusammenhalten und somit das Unternehmen (und die Vermögenswerte) zusammenhalten.

8.4.1 Das Doppelstiftungsmodell

Beliebt und bewährt ist dabei das sogenannte Doppelstiftungsmodell: Es funktioniert im Kern so, dass noch zu Lebzeiten zwei Stiftungen gegründet werden. Eine gemeinnützige Stiftung, die dann den Großteil des Kapitals des Unternehmens hält, sowie eine Familienstiftung, die eine Minderbeteiligung am Unternehmen besitzt. Beim Verhältnis der Stimmrechte verhält es sich genau umgekehrt. So kann die Familie zwar die Geschicke des Unternehmens weiter bestimmen (wie das genau und mit welchen Mehrheiten erfolgt, regeln dann die Satzungen). Es wird aber verhindert, dass Kapital durch Auseinandersetzungen aus dem Unternehmen abfließt.

Was auch immer Sie aber bereits einmal im Vorfeld über Stiftungen und deren steuerliche Vorteile gehört haben mögen, Sie sollten eine Stiftung nicht als Steuersparmodell betrachten – was sie im Einzelfall auch nur bedingt ist –, sondern in erster Linie als ein Vehikel, um Vermögenswerte dauerhaft zusammenzuhalten. Eine dauerhaft tragfähige Konstruktion zu entwerfen, erfordert viel Sachverstand bei den beratenden Anwälten und Steuerberatern. Und ist auch mit Kosten verbunden. Zudem sollte die erste Einlage in die Stiftung auch großzügig bemessen sein, um alle Verwaltungskosten abdecken zu können.

Die eingangs gestellte Frage, ob es für Sie sinnvoll ist, eine Stiftung zu gründen, lässt sich also nicht pauschal, sondern nur höchst individuell beantworten. Mit einer Stiftung bietet sich Ihnen allerdings die Möglichkeit, einerseits Themen finanziell zu unterstützen, die Ihnen wichtig sind, andererseits zu verhindern, dass Ihre Erben das von Ihnen geschaffene Unternehmen durch Erbschaftskriege aufzehren.

Als Denkanstoß hier die aus meiner Sicht wichtigsten Vor- und Nachteile von Familienstiftungen. Zu den Vorteilen gehören sicherlich:

- Vermögensschutz: Eine Familienstiftung kann das Familienvermögen vor finanziellen Risiken, Insolvenzverfahren oder rechtlichen Ansprüchen schützen.
- Generationenübergreifende Vermögensverwaltung: Die Familienstiftung erlaubt es, das Vermögen der Familie über mehrere Generationen hinweg zu verwalten und weiterzugeben, was zur finanziellen Sicherheit der Familie beiträgt.
- Steuerliche Vorteile: Familienstiftungen können zu steuerlichen Vorteilen führen, wenn die Vermögensstrukturen steuerlich optimiert wurden.
- Kombination aus Flexibilität und Kontrolle: Eine Familienstiftung bietet eine gewisse Flexibilität bei der Gestaltung und Verwaltung des Vermögens. Innerhalb der Stiftung und der Satzung kann die Familie Regeln aufstellen, damit ihre Werte und Ziele berücksichtigt werden. Die Kontrolle über das Vermögen bleibt in der Hand der Familie, die aber Verwalter oder Treuhänder ernennen kann.

Dem gegenüber stehen aber auch einige Nachteile:

- Kosten und Aufwand: Die Einrichtung einer Stiftung, deren Beurkundung, das Abschließen von Verträgen und andere regulatorische Schritte verursachen Aufwand und erfordern Beratungsleistungen von Experten. Das ist mit Kosten verbunden. Kosten fallen auch während des Bestehens der Stiftung in regelmäßigen Abständen an. Zudem sollte auch ein entsprechend hohes Vermögen in die Stiftung eingebracht werden, um ihre Zwecke und Ziele zu erreichen.

- Liquidität: Das in der Stiftung deponierte Vermögen ist nur schwer in Liquidität umzuwandeln. Es ist ja gerade Sinn und Zweck der Stiftung, die Vermögenswerte zusammenzuhalten. Es gibt also starke Einschränkungen in Hinsicht auf die freie Nutzung des Vermögens.

- Transparenz: Regulatorische Anforderungen und Berichtswesen sorgen dafür, dass Beteiligungen und Mitglieder der Stiftung öffentlich werden können. Das sagt nicht jedem zu.

Kurzum: Der Stiftungsgedanke kann eine Option sein, um die Nachfolge in Familienunternehmen zu regeln und das Vermögen zusammenzuhalten. Eine Stiftung ist aber weder ein Wundermittel zur Steuerersparnis noch ein Allheilmittel, um Konflikte innerhalb der Familie und der Erben zu vermeiden.

8.5 Sterbegeldversicherungen: das Spiel mit der Angst der Hinterbliebenen

Werbespots zur Sterbegeldversicherung gehören bei so manchem TV-Sender zum Alltag. Sie appellieren deutlich an das schlechte Gewissen der älteren Generation. Da bekanntlich jeder von uns einmal sterben muss, stellt sich für die Nachkommen zwangsläufig auch die Aufgabe, den Verstorbenen angemessen zu bestatten. Dazu sind die Erben auch rechtlich verpflichtet. Aber sollen die Kinder nun mit den Kosten für die Beerdigung belastet werden? Klare Antwort der Versicherer: Nein! Lieber eine Sterbegeldversicherung abschließen. Nun gibt es aus meiner Sicht bei diesem Thema eine moralische und eine finanzielle Frage. Die moralische Kategorie muss sich jeder selbst beantworten. Ein Standpunkt kann natürlich sein, dass die Eltern die Kinder großgezogen und ihre Ausbildung bezahlt haben. Und zudem gehen auch Vermögenswerte auf die nächste Generation über. Da scheint es nur recht und billig zu sein, wenn die Erben auch die Kosten für die Bestattung übernehmen. Der andere Gesichtspunkt gibt der Werbung recht. Sollen die Erben un-beschwert das Erbe genießen, kümmern sich die Erblasser vorher bereits um die Bestattung. Vielleicht sogar mit einer ausführlichen testamentarischen Verfügung zum Ablauf der Trauerfeier. Beide Sichtweisen haben ihre Berechtigung, und welcher Sie folgen, hängt von Ihrem persönlichen Empfinden ab.

Und damit zur finanziellen Dimension: Zunächst sollten Sie sich einmal überlegen, wie hoch die Kosten für eine Bestattung sein können. Die Statistik besagt, dass der bundesdeutsche Durch-schnitt der Beerdigungskosten bei 13.000 Euro liegt.[13] Es geht na-türlich günstiger, dann wird es sehr schlicht. Und natürlich sind nach oben kaum Grenzen gesetzt.

Eine weitere Statistik besagt, dass durchschnittlich pro Erbfall 363.000 Euro vererbt werden (rechnet man die zwei Prozent mit be-sonders hohen Beträgen heraus, sind es 242.000 Euro).[14] Beide Be-träge in Relation gesetzt zeigen, dass kaum die Gefahr besteht, dass die Erben durch die Bestattung verarmen.

Wenn Sie sich dazu entschließen, eine Sterbegeldversicherung ab-zuschließen, sind hier die wesentlichen Fakten zu dieser Police:

- Die Sterbegeldversicherung zahlt im Todesfall der versicherten Person einmalig die vertraglich vereinbarte Summe.
- Sie haben die Freiheit, diejenige Person als Bezugsberechtig-ten zu wählen, die sich um die Bestattung und Trauerfeier küm-mern soll.
- Die Beitragszahlungen enden in der Regel zu einem bestimm-ten Zeitpunkt, der vertraglich festgelegt ist. Dies kann zum Bei-spiel mit dem Erreichen des 65. oder 80. Lebensjahres sein, je nachdem, wann mit den Zahlungen begonnen wurde.

---

13 Siehe https://de.statista.com/statistik/daten/studie/1102200/umfrage/durchschnittliche-kos ten-von-bestattungen-in-deutschland.

14 Siehe *Erben in Deutschland 2015 24: Volumen, Verteilung und Verwendung*, online unter www. empirica-institut.de/fileadmin/Redaktion/Publikationen_Referenzen/PDFs/DIA_Studie_ Erben_in_Deutschland_HighRes.pdf.

- Der ausgezahlte Betrag wird auch nach diesem Zeitpunkt mit dem Todesfall der Person gezahlt.
- Es gibt üblicherweise Wartefristen von zwölf bis 18 Monaten ab Abschluss der Police. Wenn der Versicherte während dieser Zeit verstirbt, erfolgt keine Auszahlung, es sei denn, der Tod wurde durch einen Unfall verursacht, der in den Vertragsbedingungen ausgenommen sein kann.
- Die monatlichen Beiträge steigen mit dem Lebensalter zum Zeitpunkt des Versicherungsabschlusses.

Eine Sterbegeldversicherung kann in folgendem Szenario vorteilhaft sein: wenn Sie sich erst spät darüber Gedanken machen, dass Sie Ihre Erben nicht mit den Bestattungskosten belasten wollen und dann eine solche Versicherung abschließen. Nach Ablauf der Wartefrist tritt die Versicherung sofort in Kraft, auch wenn Sie mit Ihren Beiträgen noch nicht annähernd die Auszahlungssumme erreicht haben. Dank der Versicherung können Sie beruhigt sein, dass für die Bestattungskosten gesorgt ist.

Weniger vorteilhaft ist die Versicherung, wenn Sie sie bereits frühzeitig abschließen. In diesem Fall zahlen Sie weiterhin monatliche Beiträge, obwohl die Versicherungssumme bereits erreicht und überschritten wurde. Ein Beispiel: Wenn Sie mit 50 Jahren eine Versicherung über 9.000 Euro abschließen und der monatliche Beitrag bis zum 65. Lebensjahr bei 60 Euro liegt, zahlen Sie also über 10.000 Euro ein.

Unter Renditegesichtspunkten sind Sterbegeldversicherungen teuer. Das ist aus Sicht der Versicherung verständlich, da die Auszahlung der vereinbarten Summe garantiert ist. Im Gegensatz zur Risikolebensversicherung, die möglicherweise nicht in Anspruch genommen wird, weil der Versicherte viele Jahre nach Vertragsablauf verstirbt, kommt es bei der Sterbegeldversicherung auf jeden Fall zur Auszahlung. Entsprechend muss die Gesellschaft das Produkt kalkulieren.

8.5.1 Alternativen zur Sterbegeldversicherung

Wenn Sie Ihre Hinterbliebenen nicht mit den Bestattungskosten belasten möchten und die Sterbegeldversicherung für Sie nachteilig erscheint, können Sie zu Lebzeiten Vorsorge treffen. Zum Beispiel durch einen Sparvertrag, bei dem Sie monatlich einen kleinen Betrag sparen, bis die gewünschte Summe erreicht ist. In Ihrem Testament können Sie dann festlegen, dass dieses Geld für die Bestattung verwendet werden muss. Sie können auch einen Vorsorgevertrag mit einem Bestattungsinstitut abschließen, um die Bestattung im Detail zu regeln. Die Zahlungen erfolgen dann aus Ihrem eigenen Vermögen, und es wird ein Treuhandkonto genutzt, um sicherzustellen, dass das Geld bei einem eventuellen Insolvenzfall oder Geschäftsaufgabe des Bestattungsunternehmens weiterhin zur Verfügung steht.

Fazit: Eine Sterbegeldversicherung kann unter bestimmten Umständen sinnvoll sein, insbesondere wenn Sie eine schnelle und entlastende Lösung für Ihre Erben wünschen.

9. Hot or Schrott?

9.1 Hüten Sie sich vor Hypes!

Der Markt für Finanzprodukte unterscheidet sich gar nicht so sehr von anderen Märkten. Ob Mode, Elektro oder auch Autos: Es gibt regelmäßig neue Produkte oder Verbesserungen, Updates und auch Moden bei bestehenden Produkten.

Finanzberaterinnen und Finanzberater verstehen die Mechanismen des Marktes. Und auf Basis ihres Wissens wissen sie auch, warum ein Finanzprodukt, das jahrelang nachgefragt und von den Produktgebern angepriesen wurde, plötzlich in der Versenkung zu verschwinden scheint.

Die wesentlichen Gründe: Zum einen sind die Renditechancen für die Anleger im Vergleich zu anderen Produkten zu gering. Und damit eng verwoben: Es gibt für die Produktgeber zu wenig zu verdienen.

Damit sind wir wieder am Ausgangspunkt angelangt: Banken, Finanzdienstleister, Versicherungen und Fondsgesellschaften und deren Beraterinnen und Berater sind Wirtschaftsunternehmen, die Produkte entwickeln, mit denen sie Geld verdienen wollen. Wenn die Kunden sich damit ein eigenes Vermögen aufbauen oder Wünsche erfüllen, dann ist das ein Verkaufsargument und natürlich ein positiver Nebeneffekt. Allerdings erhält ein Vermittler von Baufinanzierungen seine Vergütung unabhängig davon, ob die Kunden das Darlehen auch dauerhaft bedienen können. Wird das Objekt, das ursprünglich finanziert wurde, zwangsverwertet, finden sich neue Käufer, die erneut ein Darlehen benötigen.

Und weil es bei Finanzprodukten eben um ganz normale Märkte geht, gibt es auch hier Moden und Hypewellen. Wobei leider ein vorderhand zynisch klingender Satz fast immer zutrifft: „Gier frisst Hirn."

9.2 Lehren aus der Geschichte: die Tulpenmanie der Niederlande

Vermutlich eines der besten Beispiele für einen „Hype" und immer noch eine Warnung ist die „Tulpenmanie" in Holland. Vermutlich auch eines der bekanntesten Exempel aus der Wirtschaftsgeschichte.

Die ersten Tulpen wurden im 16. Jahrhundert aus dem Osmanischen Reich nach Holland importiert. Die niederländische Elite machte die Blumen schnell zu einem Statussymbol. Und so etwas weckt Begehrlichkeiten. Die Nachfrage nach seltenen und exotischen Tulpenarten wuchs rasant. Und um das Jahr 1630 begannen wilde Spekulationen mit der Ware. Tulpenzwiebeln wurden teilweise zu Preisen verkauft, die das Jahresgehalt eines Arbeiters überstiegen. Viele Menschen rechneten sich Chancen aus, am florierenden Handel mit den Blumenzwiebeln zu verdienen. Und so wechselten dieselben Zwiebeln nicht selten mehrfach am Tag den Besitzer und stiegen dabei deutlich im Preis. Für seltene Arten lag der zeitweise bei 10.000 Gulden. Das entsprach dem Preis eines Wohnhauses in bester Lage in Amsterdam.

Im Rahmen der Manie entstand sogar ein Handel mit Termingeschäften, also der Abnahmeverpflichtung von Zwiebeln, die noch gar nicht existierten. Das System funktionierte allerdings nur so lange, wie es Menschen gab, die am Ende auch tatsächlich die Zwiebeln zu den astronomischen Summen kaufen wollten. Als diese Nachfrage einbrach, setzte ein Preisverfall ein, der Spekulanten in den Ruin getrieben haben soll. Der weitere Gang der Historie muss uns an dieser Stelle nicht weiter ausgeführt werden: Er ist ‚gruselig' und in den Geschichtsbüchern nachzulesen. Die Wirtschaftstheorie und Geschichtswissenschaft hat zahlreiche Deutungsversuche für das Phänomen unternommen. Strittig ist etwa die Frage, wodurch dieser Hype verursacht wurde und welche tatsächlichen volkswirtschaftlichen Schäden das Ende der Manie mit sich brachte.[15] In der Rückschau dürfte dies für die Menschen keine Rolle spielen, die ihr Vermögen investierten und am Ende mit leeren Händen dastanden.

Lehrreich ist die Episode noch immer:

- Bei Investitionen erweist es sich als fatal, alle finanziellen Mittel auf das sprichwörtliche einzige Pferd zu setzen.
- Hohe Renditen sind immer mit einem entsprechenden Risiko verbunden.
- FOMO ist eine üble Sache – die „Fear Of Missing Out" bringt Menschen dazu, unüberlegt Geld in eine Sache zu investieren, weil es „jeder macht", massiven Zeitdruck gibt, angeblich einzigartige Chancen zu nutzen oder es gerade „Mode ist". Und das ist selten eine kluge Idee!

9.3 Immo-Spekulationen: Wenn aus Betongold nur Beton wird

Zum Thema Immobilienfinanzierung haben Sie bereits im Kapitel „8 – Damit der Traum vom Haus kein Albtraum wird" einiges gelesen. Die Vor- und Nachteile einer selbst genutzten oder vermieteten Immobilie brauchen also an dieser Stelle nicht wiederholt zu werden.

Doch gerade der Immobilienmarkt kennt auch seine Hypes und Goldgräberstimmung. Das zeigt bereits der Blick in die jüngere Geschichte. Anfang der 1990er-Jahre entwickelte sich im ehemaligen Gebiet der DDR ein regelrechter Bauboom, der an die Gründerzeit im 19. Jahrhundert erinnerte. Legion sind inzwischen die Presseberichte von Stars und Sternchen, die mit der Immobilienspekulation viel Geld verloren. Weniger im Fokus standen die

---

15 Vgl. www.tagesschau.de/wirtschaft/boerse/tulpenblase-finanzmaerkte-101.html.

privaten Anlegerinnen und Anleger, denen suggeriert wurde, dass hier nichts falsch zu machen sei.

Und tatsächlich zeigte der Markt für Immobilien seit der Finanzmarktkrise im Jahr 2008 kontinuierlich nach oben. Gerade Ballungszentren und Großstädte erlebten eine starke Nachfrage nach Wohnraum. Entsprechend stark stiegen dort Mieten und Immobilienpreise.

Möglich wurde dieser Boom auch durch das herrschende niedrige Niveau bei den Darlehenszinsen. Wer in den 1970er- oder 80er-Jahren eine Immobilie erwarb, musste mit Darlehenszinsen um die acht Prozent rechnen. Über die Laufzeit haben die Besitzerinnen und Besitzer das Eigentum somit fast zweimal gekauft. Bis Anfang 2022 konnten Immobiliendarlehen dagegen noch zu zwei bis drei Prozent abgeschlossen werden.

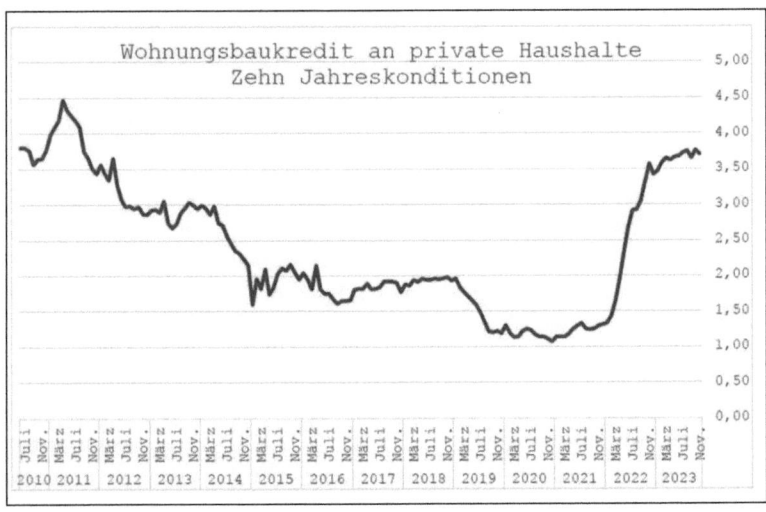

Abb. 9: Überblick Zehnjahreskonditionen bei Wohnungsbaukrediten an private Haushalte (Quelle: Deutsche Bundesbank)

Mit der als Folge des Krieges gegen die Ukraine galoppierenden Inflationsrate änderte sich allerdings der Markt. Die gestiegenen Baukosten brachten Kalkulationen ins Wanken, sicher geglaubte Aufträge an die Baubranchen blieben aus oder wurden zurückgezogen. Und der Markt für Immobilienfinanzierungen kam regelrecht zum Erliegen.[16] Als Folge gingen die Preise für Immobilien erstmals seit fast zwölf Jahren zurück.[17]

Es gehört zum Marktgeschehen, dass sich Preise auch einmal in die andere Richtung entwickeln können, zumal wenn es über eine Dekade nur nach oben ging. Von daher wird es auch in Zukunft sinnvoll sein, eine kluge Investitionsentscheidung in Immobilien zu tätigen, sofern diese wohlüberlegt ist und die klassischen Entscheidungskriterien beim Haus- und Wohnungskauf berücksichtigt. Dazu gehören in erster Linie die Lage und natürlich (energiekostensparender) Zustand und Ausstattung der Immobilie.

Wer sich allerdings vom Herdentrieb der vergangenen Jahre in Richtung Immobilien hat anstecken lassen und nicht auf eine solide Finanzierung geachtet hat, die auch dann noch steht, wenn sich das Zinsniveau verändert, dürfte Probleme bekommen. Und so kann sich dann das Betongold zu Beton verwandeln.

9.4 Bitcoin-Mania – Krypto-Hype

In den vergangenen Jahren beherrschten Begriffe wie Bitcoin, Ethereum und NFTs die Wirtschafts- und Finanzmedien. Es schien, als hätten einige Computerfreaks eine Art Stein der Weisen der Geldvermehrung entdeckt. Kryptowährungen ermöglichten zweistellige Kurszuwächse, die an klassischen Börsen so gut wie nie vorkommen. Hier gibt es Ausnahmen. Im Zuge der heute als „Wire-

---

16   Vgl. www.handelsblatt.com/finanzen/banken-versicherungen/banken/immobilienmarkt-banken-spueren-einbruch-bei-baufinanzierungen-jetzt-deutlich/28989840.html.

17   Vgl. www.tagesschau.de/wirtschaft/konjunktur/haeuser-wohnungen-preisentwicklung-101.html.

card-Skandal" bekannten Ereignisse haben sich Short-Seller, die tatsächlich auf ein Kursziel von null Euro setzten, eine sprichwörtliche goldene Nase verdient. Aber abseits von solch chaotischen Zuständen sind dreistellige Zuwachsraten wie beim Bitcoin jedoch undenkbar. Wobei die Volatilität nach oben und auch unten extrem sein kann. Denn zur Wahrheit des Bitcoin gehört auch, dass diejenigen, die im November 2021 eingestiegen und bis zum April 2023 dabeiblieben, ihr Vermögen halbiert haben – was Anfang 2024 schon wieder anders aussieht.

2013 konnte man einen ganzen Bitcoin noch für rund 200 Dollar erwerben. Im November 2021 waren dafür über 67.000 Dollar fällig. Eine märchenhafte Rendite. Allerdings haben nur diejenigen davon profitiert, die acht Jahre fest daran glaubten, dass sich mit den digitalen „Münzen" auch tatsächlich einmal etwas anderes anstellen lassen würde, als sie auf dem Computer aufzubewahren. Es kann hier nicht der Ort sein, um über den Sinn von Kryptowährungen zu diskutieren. Es gibt aber durchaus ernst zu nehmende Stimmen, die den digitalen Werten jeglichen eigenen Wert absprechen und das System aus Kryptobörsen und Marktplätzen mit einem Ponzi-Schema[18] vergleichen.

Die kurze Geschichte des Kryptogeldes zeigt, dass die Kurse sehr volatil sind und weniger auf externe wirtschaftliche Indikatoren reagieren, sondern verstärkt auf Nachrichten, die sich mit dem Markt selbst beschäftigen. Eine Äußerung des Tesla-Gründers und Innovators Elon Musk auf X (früher: Twitter) oder eines anderen Technologiegurus auf Threads kann ein regelrechtes Kursfeuerwerk für eine bisher eher vor sich hin dümpelnde Kryptowährung entfachen. Äußern sich Aufsichtsbehörden kritisch und streben eine verstärkte Regulierung der Märkte für Kryptowährungen an, geben die Kurse binnen kürzester Zeit deutlich nach. Im schlimmsten Fall besitzen Sie am Ende einer Kryptowährungs- oder NFT-Investition eine Datei auf Ihrem Rechner, für die Sie viel Geld ausgegeben haben, die aber

---

18   Vgl. https://de.wikipedia.org/wiki/Charles_Ponzi#Ponzi_scheme.

keinen ‚realen' Wert besitzt. Mit seriöser Finanzplanung, die einen langfristigen Horizont berücksichtigt, hat das jedenfalls nichts zu tun.

Dramatisch kann auch die Geldvernichtung im Falle der sogenannten NFTs ausfallen. Diese „Non-fungible Tokens" sollen ihren Eigentümerinnen und Eigentümern fälschungssichere Anteile an digitalen Kunstwerken, aber auch an realen Sammelstücken sichern (sofern die Anbieterunternehmen der NFTs auch tatsächlich die Vermögenswerte besitzen).

Investoren, die ihr Geld in solche Spekulationsobjekte stecken möchten, sollen dies tun. Sie sollten jedoch bedenken, dass sie im Falle eines Totalverlusts damit rechnen müssen, auf dem Schaden sitzen zu bleiben. Kryptowährungen und NFTs taugen aufgrund ihrer unsicheren Zukunft tendenziell genauso wenig für den strategischen Vermögensaufbau wie das Sammeln von Actionfiguren oder dem Inhalt von Überraschungseiern.

10. Trau schau wem

10.1 Wie Sie gute Finanzberatung erkennen

Wie im Kapitel „3.1 – Bankberater sind nicht Ihre Freunde" bereits erwähnt, handelt es sich bei den festangestellten Mitarbeitenden einer Bank oder Sparkasse in erster Linie um Verkäufer von Produkten des eigenen Hauses. Natürlich bieten sie auch Beratung an, aber immer mit den Zielen und Vorgaben der Bank im Hinterkopf. Doch nicht jeder selbst ernannte ‚unabhängige' Berater ist tatsächlich unabhängig. Das Thema Finanzberatung ist gesetzlich komplizierter, als es zunächst erscheinen mag.

Das fängt bereits mit der Berufsbezeichnung an. Leider hindert das Gesetz niemanden daran, Visitenkarten mit Aufschriften wie „Financial Planner" oder „Ihr Finanzpartner" zu drucken. Wie heißt es so schön: „Namen sind Schall und Rauch." Verstehen Sie mich bitte nicht falsch. Berater mit solchen Titeln können hervorragende Beratung leisten. Aber eine ansprechende Berufsbezeichnung allein ist kein Qualitätsmerkmal. Dieses Problem entsteht aus der langen Geschichte der Finanzberatung, die lange Zeit weitgehend unreguliert war. Doch wo viel Geld im Spiel ist, werden auch unseriöse Personen angelockt. Viele Menschen wurden durch falsche Beratung oder den Abschluss riskanter Verträge um ihr Geld gebracht. Die Situation ist heute viel besser und transparenter. Bei der Auswahl eines Finanzberaters sollten Sie drei Aspekte berücksichtigen:

1. Formale Kriterien,
2. welche Kenntnisse und Erfahrungen der Berater hat und über welche Instrumente er verfügt sowie
3. die Herangehensweise des Beraters.

Auf den nächsten Seiten erfahren Sie mehr dazu.

10.2 Formale Kriterien – achten Sie auf die Zulassung

Wer in Deutschland Versicherungsverträge oder Finanzanlageprodukte vertreiben möchte, muss ein Gewerbe anmelden. Ein seriöser Finanzberater wird Ihnen problemlos seine Gewerbezulassung nachweisen können. Wenn Sie sich vorab im Internet über einen Berater informieren möchten, sollten Sie das Impressum der jeweiligen Website betrachten, da dort entsprechende Hinweise zu finden sein sollten.

Für den Bereich Finanzberatung sind folgende Vorschriften relevant:

- § 34 c der Gewerbeordnung: Eine Zulassung gemäß diesem Paragrafen wird benötigt, wenn eine Person als Immobilienmakler, Darlehensvermittler oder Bauträger tätig sein möchte. Mit anderen Worten: Wenn Sie einen Finanzberater suchen, der Ihnen auch (Privat-)Kredite vermitteln kann, muss dieser eine entsprechende Zulassung besitzen. Beachten Sie jedoch, dass dieser Abschnitt der Gewerbeordnung etwas allgemeiner formuliert ist als die anderen Paragrafen. In erster Linie wird hier eine Verpflichtung zur regelmäßigen Weiterbildung gefordert.
- § 34 d der Gewerbeordnung: Diese Zulassung wird benötigt, wenn eine Person als Versicherungsvermittler oder Versicherungsberater tätig sein möchte. Hier fordert der Gesetzgeber deutlich, dass „der Antragsteller eine vor der Industrie- und Handelskammer erfolgreich abgelegte Prüfung vorweist". Im Rahmen dieser Prüfung muss der Antragsteller nachweisen, dass er über die erforderlichen fachlichen Kenntnisse im Bereich der Versicherungsvermittlung oder -beratung sowie über rechtliche Grundlagen und Kundenberatung verfügt.

- § 34 f 1, 2 und 3 der Gewerbeordnung (dieser Teil der Gewerbeordnung betrifft diejenigen, die als Finanzanlagenvermittler tätig sein möchten): Auch hier ist eine erfolgreich abgelegte Prüfung zur Fach- und Sachkunde erforderlich, um die Zulassung zu erhalten. Unterteilt ist diese Zulassung in drei Absätze, mit denen wir uns im Folgenden noch befassen.
- § 34 i der Gewerbeordnung: Wer eine Immobilienfinanzierung, wie auch immer gestaltet, vermittelt, benötigt diese Zulassung.

Eine besondere Betrachtung verdient die Zulassung nach 34 f. Denn worüber vermutlich die wenigsten Kunden überhaupt nachdenken werden: Die Art der Zulassung muss zwangsläufig Auswirkungen auf die Art des Produktangebots haben. Der Paragraf 34 f kennt nämlich in seinem Text drei Unterpunkte.

Abs. 1: Umfasst die Vermittlung von offenen Fonds.
Abs. 2: Hier sind geschlossene Fonds enthalten.
Abs. 3: Direktanlagen, also etwa Beteiligungen an Unternehmen.

Das bedeutet, dass Ihnen der Berater nur die Anlageklassen anbieten kann, für die er auch eine Zulassung besitzt. Es steht ihm also wieder nur ein Ausschnitt aus allen Möglichkeiten zur Verfügung.
Um bei unserem früher gewählten Beispiel eines Orchesters zu bleiben: Paragraf 34 verleiht die Erlaubnis, die Streicher zu dirigieren. Aber je nach Zusatz sind das eben nicht alle. Bleiben wir bei dem Beispiel und gehen noch einen Schritt weiter. § 34 i Immobiliendarlehensvermittler hat aber keine Zulassung nach § 34 f 1,2 und 3, dieser kann Ihnen eine Finanzierung vermitteln, aber kein Anlagemodell, mit deren Hilfe Ihre Finanzierung zehn Jahre früher getilgt wird. Das ist dann ein Orchester ohne Wumms.
Zur Verdeutlichung: Auch ein Berater, der eine Zulassung nach 34 d besitzt, kann in begrenztem Umfang Anlageprodukte vermitteln. Aber eben immer nur solche, die in ein Versicherungsprodukt

eingebettet sind. Sie werden dort also stets eher eine Fondspolice bekommen. Direkte Einlagen in Investmentfonds kann er nur vermitteln, wenn er auch zusätzlich noch die Zulassung nach 34 f besitzt. Die Frage nach der Zulassung ist also durchaus berechtigt und auch wichtig.

Diese formale Zulassung ist die Mindestvoraussetzung, die Sie von einem unabhängigen Finanzberater erwarten dürfen und sollten. Ähnlich wie Ärztinnen und Ärzte erst arbeiten dürfen, nachdem sie die erforderlichen Prüfungen und Zulassungen bestanden haben, müssen auch unabhängige Finanzberaterinnen und Finanzberater ihre fachlichen Kenntnisse nachweisen.

Schließlich gibt es für gewerblich tätige Versicherungsvermittler und -berater, Finanzanlagenvermittler, Honorar-Finanzanlagenberater sowie Immobiliardarlehensvermittler die Verpflichtung, sich in das von der IHK geführte Vermittlerregister (www.vermittlerregister.info) eintragen lassen. Wenn Sie Ihren ‚Wunschberater' darin nicht finden, wird das seine Gründe haben. Sie sollten dann aber auch Abstand davon nehmen, mit dieser Person zusammenzuarbeiten.

10.3 Welche Pfeile sind im Köcher und wie erfahren ist der Berater?

In einem Erstgespräch mit neuen Kundinnen stelle ich gerne die Frage, was sie sich selbst unter einer ‚guten Beratung' in Bezug auf ihre Finanzen vorstellen. In der Regel kommt dann häufig der Satz, dass gute Finanzberatung „unabhängig sein müsse". Nur gibt es verschiedene Vorstellungen davon, was das bedeutet. Was unmittelbar einleuchtet: Ein festangestellter Berater einer Versicherung oder Bank bietet keine unabhängige Beratung. Bei einem selbstständigen Berater kann dies eher der Fall sein, muss es aber nicht. Das ist jedoch aufgrund der Gewerbezulassung nicht ganz einfach zu verstehen.

Wirklich unabhängig ist eine Finanzberatung erst dann, wenn der Berater nicht ausschließlich für eine oder einige wenige Gesellschaften und Produktgeber tätig ist. Unabhängige Finanzberatung sollte aus dem Vollen schöpfen können. Stellen Sie sich vor, Sie haben sich die Eintrittskarte für ein Konzert gekauft, das als musikalischer Hochgenuss angepriesen wurde. Sie betreten den Konzertsaal und sehen jedoch nur eine Geigerin und einen Bratschisten. Unabhängig davon, wie gut die beiden Musikerinnen auch sein mögen, der Klang wird etwas dünn sein. Dies ist vergleichbar mit einem Berater, der Produkte zweier Sparten von zwei Gesellschaften vertreibt. Der Klang wird jedoch lebendiger und voller, wenn verschiedene Streichinstrumente aufeinandertreffen – mehrere Violinisten, die Bratsche, Cello und Kontrabass. Vergleichbar ist dies mit einem Berater, der sich auf Versicherungen oder Geldanlagen spezialisiert hat und unabhängig ist. Ein solcher Berater bietet Ihnen zahlreiche Produkte von unterschiedlichen Gesellschaften an. Er bewegt sich dabei jedoch fest im Bereich der Versicherungen, auch wenn es Produkte gibt, die zum Vermögensaufbau dienen.

Erst mit dem Zusammenspiel von Streichern, Bläsern und Percussion wird die Darbietung zu einem Kunstgenuss. So entsteht ein Orchester, das einen vollen Klang erzeugt. Dies sind unabhängige Beraterinnen, die eine Vielzahl von Produkten aus den Bereichen Finanzierung, Anlagen und Versicherungen zur Verfügung haben.

Eine Zulassung, die mit fachlicher Qualifikation verbunden ist, sowie eine umfassende Produktpalette bilden die Grundlage für eine solide Finanzberatung. Jedoch reicht das allein nicht aus, um eine gute Beratung zu gewährleisten. Stellen Sie sich einmal vor, Sie befinden sich im Krankenhaus und benötigen eine wichtige Operation. Die Diagnose für den Eingriff wird vom selben Arzt gestellt, der Sie später operieren wird. Wie würden Sie sich fühlen, wenn Ihnen dieser Arzt mitteilen würde, dass er gerade erst seine Prüfung abgelegt hat und sich auf seine erste Operation freut?

Vermutlich würden Sie sich spätestens jetzt unwohl fühlen. Lassen Sie mich klarstellen, dass ich nichts gegen Berufseinsteiger habe. Ähnlich wie Ärzte müssen auch Finanzberater eine Qualifikation erlangen, bevor sie mit Kunden arbeiten dürfen. Aber wie in der Medizin gibt es auch in der Finanzberatung unterschiedliche Meinungen, Diagnosen und darauf basierend verschiedene Lösungen für finanzielle Probleme und Herausforderungen.

Der Nachwuchs in der Finanzberatung steht vor denselben Herausforderungen wie alle Berufseinsteiger. Kundinnen und Kunden haben zu Recht die Erwartung, dass ihre Bedürfnisse korrekt erkannt und passende Lösungen vorgeschlagen werden. Aber dafür sind oft praktische Erfahrungen erforderlich, die jüngere Kolleginnen und Kollegen erst sammeln müssen.

Mein Rat lautet daher: Es spricht nichts dagegen, sich auch von Nachwuchskräften beraten zu lassen. Allerdings sollten diese auf die fachliche Expertise erfahrener Kollegen zurückgreifen können. Das kann zum Beispiel durch Zusammenarbeit in einer Bürogemeinschaft, einem Netzwerk oder einer Vertriebsgruppe erfolgen. Stellen Sie also in einem Erstgespräch offen Fragen nach den bisherigen Erfahrungen und der Möglichkeit, eine Zweitmeinung von einem erfahrenen Kollegen einzuholen. Schließlich handelt es sich um Ihr Geld, und eine falsche finanzielle Entscheidung kann sehr teuer werden.

10.4 Wie gehen seriöse Beraterinnen und Berater an die Sache heran

Wer seinen eigenen Berufsstand kritisiert, erntet leider allzu schnell den Vorwurf, ein „Nestbeschmutzer" zu sein. Fakt ist jedoch, dass in Umfragen der Beruf des Finanzberaters oft neben Autoverkäufern oder Politikern auf den hinteren Plätzen landet. Und das liegt wohl kaum daran, dass die Kundinnen und Kunden fast ausschließlich positive Erfahrungen gemacht haben.

Daher möchte ich an dieser Stelle subjektiv zusammengestellte Punkte nennen, an denen Sie eine seriöse Finanzberatung erkennen können:

1. Es sollte einen konkreten Anlass für den Erstkontakt geben, beispielsweise weil Sie selbst um eine Kontaktaufnahme über die Website des Beraters oder auf anderem Weg gebeten haben. Natürlich kann es auch sein, dass Ihnen der Berater von einem Bekannten empfohlen wurde. Werden Sie jedoch von einem Berater kontaktiert, der nicht eindeutig erklären kann, warum er Sie eigentlich kontaktiert, spricht das nicht unbedingt für Seriosität.

2. Im Rahmen eines ersten Gesprächs (persönlich oder per Videokonferenz) wird sich der Berater, sein Angebot, die Rechtsform seiner Tätigkeit und seine Kompetenzen vorstellen.

3. Daraufhin beginnt ein Prozess, der einer Erstkonsultation bei einem Arzt ähnelt und an eine Anamnese bei einem Mediziner erinnert. Der Berater wird Sie nach Ihren wirtschaftlichen Wünschen und Zielen fragen und Ihre finanzielle Ausgangssituation sowie vorhandene Verträge erfragen. Ähnlich wie Sie einem Arzt die Aufgabe erleichtern, wenn Sie bereits vorhandene Diagnosen oder Unterlagen mitbringen oder darauf zugreifen können, erleichtern Sie dieses erste Gespräch, indem Sie bereits möglichst viele Details mitteilen.

4. Oft endet das erste Gespräch mit der Erfassung dieser grundlegenden Daten. Denn nun beginnt die eigentliche Arbeit des Finanzberaters. Er wird Ihre finanzielle Situation analysieren und einen Marktvergleich mit bestehenden Verträgen durchführen. Bereits durch den Wechsel ungünstiger Verträge können zusätzliche finanzielle Mittel entdeckt werden, die stattdessen in die Geldanlage fließen können. Zudem wird er ein Konzept entwickeln, wie Ihre genannten Ziele und Wünsche erreicht werden können.

Mein Tipp: Achtung! – Ein seriöser Berater wird Sie niemals dazu auffordern, Blankovollmachten zu unterschreiben, oder Sie dazu drängen, „doch jetzt gleich abzuschließen, weil Ihnen sonst eine Chance entgeht".

1. Im Folgetermin wird der Berater Ihnen ein Konzept vorstellen, das auf Ihren Wünschen und Zielen basiert. Aus diesem Konzept ergeben sich konkrete Produktvorschläge wie Geldanlagen, Versicherungswechsel oder Finanzierungsmöglichkeiten für den Immobilienkauf. Ein guter und seriöser Berater wird Ihnen erklären, warum er genau dieses Produkt empfiehlt und welchen Nutzen Sie daraus ziehen können. Natürlich wird er auch über die damit verbundenen Risiken aufklären. Vor allem wird er sich Zeit nehmen, um all Ihre Fragen zu beantworten.

2. Wie bereits erwähnt, gehört Zeit zur Beratung. Ein seriöser Berater wird Sie nicht drängen und Ihnen das Konzept gedruckt oder digital zur Verfügung stellen, damit Sie darüber noch einmal schlafen können.

3. Erst danach folgt die Umsetzung: Antragsformulare der Produktgeber werden ausgefüllt. Ein seriöser Berater steht Ihnen auch hier zur Seite und unterstützt Sie. Nach dem Produktabschluss bleibt er weiterhin für Sie da und vereinbart möglicherweise bereits einen Folgetermin, um den Erfolg kurzfristiger Strategien zu überprüfen oder Anpassungen vorzunehmen.

Ein vertrauenswürdiger Berater wird Ihnen jedoch niemals bestimmte Renditen, das Erreichen von Zielen oder Einsparpotenziale garantieren oder versprechen. Obwohl er Experte ist und über das entsprechende Fachwissen sowie die notwendigen Werkzeuge verfügt, ist er kein Hellseher. Finanzmärkte können sich schneller verändern als erwartet. Seien Sie also vorsichtig bei

Menschen, die Ihnen hohe Renditen garantieren oder versuchen, Sie zu überreden, mit einem kleinen Beitrag einzusteigen, um zu sehen, ob es funktioniert. Dahinter könnte sich ein Ponzi-Schema verbergen.

10.5 Das schlechte Image der Provision – unnötig!

Sobald Sie einen Vertrag unterschreiben oder im Falle einer Versicherung die Police erhalten, erhält der Vermittler oder Berater vom Produktgeber eine Vergütung. Die Höhe der Vergütung hängt von verschiedenen Faktoren ab, wie dem Produkt und der Sparte. Oft basiert sie auf den Einzahlungen der Kunden. Es ist klar, dass Vermittler, die viele Geschäfte an eine Gesellschaft vermitteln, eine höhere Vergütung erhalten. Bis auf ganz wenige Ausnahmen – und mir fällt ehrlich gesagt gar keine ein – sind alle Vergütungen gesetzlich geregelt und in der Höhe gedeckelt. Finanzprodukte sind einheitlich, es gibt keinen ‚Lagerverkauf' oder ‚direkt vom Hersteller'. Ein Beispiel. Sie möchten eine private Krankenversicherung bei Gesellschaft A abschließen. Der Tarifbeitrag hierfür ist immer identisch, egal, ob Sie diesen direkt in der Bank, beim hauseigenen Vertreter oder bei einem unabhängigen Makler abschließen.

Zusätzlich kann es eine regelmäßige Vergütung geben, die über die Laufzeit eines Vertrags gezahlt wird und als Bestandsvergütung bezeichnet wird. Damit erhalten die Kollegen und ich eine Entschädigung für verschiedene Leistungen wie das Melden eines Schadens, Veränderungen bei den Stammdaten usw.

In jüngster Zeit steht die Provisionszahlung jedoch häufig in der Kritik. Insbesondere Verbraucherschutzverbände setzen sich dafür ein, dass Provisionen generell verboten werden sollten, auch auf EU-Ebene. Dies ist bemerkenswert, denn auch Ärzte und Rechtsanwälte verlangen für ihre Leistungen Geld und erhalten eine „Provision". In beiden Fällen existieren Gebührenordnungen, die

die Höhe der Vergütung festlegen – wenn auch nicht auf den Euro genau, da dies von der Schwierigkeit der Aufgabe oder dem Streitwert abhängt.

Wie Ärzte mit einer eigenen Praxis oder Rechtsanwälte arbeite ich als Finanzberater selbstständig. Obwohl mein Beruf mir viel Freude und Erfüllung verschafft, muss auch ich am Ende eines jeden Arbeitstages meinen finanziellen Verpflichtungen nachkommen, meine Mitarbeitenden bezahlen, Steuern entrichten und meinen Lebensunterhalt bestreiten. Dabei helfen mir die Provisionen. Aber was werfen die Kritiker der Provisionszahlung eigentlich vor?

- Sie behaupten, dass Provisionen ein strukturelles Problem darstellen, da sie Berater dazu verleiten würden, den Kunden Produkte zu empfehlen, die ihnen die höchste Provision einbringen. Hier scheinen die Kritiker jedoch wenig Vertrauen in die Regulierung zu haben. Im Rahmen einer Finanzberatung wird ein Protokoll erstellt, aus dem hervorgeht, warum gerade dieses Produkt in der spezifischen Situation des Kunden empfohlen wurde und einheitliche Produkte eine ziemlich genaue einheitliche Vergütung haben.
- Sie behaupten, dass Provisionen die Produkte teurer machen, da die Provision in die Prämien und Beiträge eingerechnet wird. Diese Ansicht ist jedoch naiv. Bei jedem Produkt, das über eine Vertriebsorganisation verkauft wird, sind die Vertriebskosten bereits enthalten. Wenn ein Autohändler großzügige Rabatte gewährt, verzichtet er auf einen Teil seiner Provision, die natürlich im Listenpreis enthalten ist.

Und welche Lösung schlagen die Kritiker vor? Die Honorarberatung. Auf den ersten Blick mag dies tatsächlich wie eine Lösung für die (teils konstruierten) Probleme bei der Provision erscheinen.

Bei der Honorarberatung beauftragt der Kunde einen Experten, eine umfassende Beratung durchzuführen, und zahlt ihm ein

Honorar. Da das Honorar feststeht, gerät der Berater nicht in Versuchung, ein Produkt zu empfehlen, das ihm selbst besonders nützt. Aber stellt dies wirklich eine gute Lösung dar?

Ein Honorarberater muss seinen Stundensatz kalkulieren, um von seiner Arbeit leben zu können. Auch wenn dies zentral erfolgt, ändert es nichts an den betriebswirtschaftlichen Notwendigkeiten. Steuern und Versicherungen müssen im Stundensatz berücksichtigt werden, ähnlich wie ein Handwerksmeister den Stundensatz für sich oder seine Mitarbeiter kalkuliert. Eine fundierte und umfassende Beratung mit verschiedenen Lösungsmöglichkeiten erfordert kaum weniger als fünf Stunden. Bei Themen wie Tarifoptimierung, Sparmodellen oder der Anlagestrategie für Unternehmen vergrößert sich das Zeitfenster noch weiter. Bei einem Stundensatz von 400 Euro würde der Kunde also 2.000 Euro zahlen, oder der Berater verlangt eine prozentuale Summe zum Wert des Abschlusses (Summe aller zukünftigen Beiträge * 4,5 Prozent, bei 3.000 Euro jährlich * 35 Jahre = 105.000 Euro * 4,5 Prozent = 4.750 Euro). Dies ist vergleichbar mit einem Besuch in einer Autowerkstatt. Ihr Fahrzeug wird gründlich überprüft, und Sie erhalten einen umfassenden Fehlerbericht, was repariert werden müsste. Für diesen Bericht müssen Sie bezahlen, auch wenn Ihr Auto dadurch nicht besser fährt oder sich in Topzustand befindet. Und soll dies tatsächlich alle ‚Probleme' lösen?

Ein weiterer Punkt, der in Bezug auf Honorarberatung und Provision wichtig erscheint, ist der Zugang zu den Diensten eines Finanzberaters, Darlehensvermittlers oder Versicherungsmaklers. Dank der Provision können sich diese Dienste alle leisten, unabhängig von der aktuellen Liquidität, der Lebenssituation und dem Alter. Da der Vermittler direkt vom Produktgeber entlohnt wird, bleibt eine solide Finanzberatung erschwinglich.

Ja, aus betriebswirtschaftlicher Sicht mögen Kunden aufgrund des Provisionsanteils in der Prämie mehr bezahlen, als wenn dieser Anteil in Prämien und Beiträgen fehlen würde. Dies würde jedoch

nur dann zu einem finanziellen Vorteil führen, wenn die Honorarberatung kostenlos wäre. Dieser Vergleich erinnert somit an den
Vergleich von Äpfeln und Birnen.

Und ein letzter Gedanke, den die meisten Kundinnen und Kunden
auch nicht kennen, weil sie einfach nicht so tief in der Materie stecken. Berater, die Provisionen von den Produktgebern erhalten, stehen diesen gegenüber in einer Haftung. Überlegen es sich die Kunden anders und kündigen ihren Vertrag innerhalb einer bestimmten
Frist, muss ich als Berater die gesamte oder zumindest einen Teil
der Provision zurückzahlen. Schon allein deswegen werde ich nur
solche Verträge vermitteln, von denen ich der Meinung bin, dass sie
auch mittel- und längerfristig sinnvoll für meine Kunden sind. Der
Honorarberater kennt dieses Risiko nicht. Er hat sein Geld, ohne
Haftungszeit, von Ihnen bekommen.

Fazit: Die Beratung auf Provisionsbasis ist an sich nichts Schlechtes.
Meiner Meinung nach verhindert sie weder eine unabhängige und
fundierte Beratung noch garantiert die Zahlung eines Honorars
automatisch eine solide Beratung.

11. Ein Fazit – vom Lesen ins Handeln kommen

11.1 Fazit

Damit sind Sie am Ende dieses Buchs angelangt. Zeit für ein Fazit: Hat sich aus Ihrer Sicht die Lektüre gelohnt? Für mich als Autor ist es einfach, den Erfolg beispielsweise einer Finanzberatung zu beurteilen, denn hier regieren nüchterne Zahlen – natürlich oft ‚garniert' mit der Gefühlslage der Mandantinnen und Mandanten, am Ende meist Freude. Das ist beim Lesen eines Buches schwieriger, denn aus dem Lesen alleine folgt noch kein Handeln – und nur Handeln bringt Erfolg. Erfolg ist, was aus unserem Handeln folgt.

Wechseln wir also kurz noch einmal die Perspektive: Aus meiner Sicht hat sich meine Mühe beim Schreiben gelohnt, wenn Sie:

- beim Lesen des einen oder anderen Abschnittes ein Ahaerlebnis hatten und sich jetzt mehr darunter vorstellen können,
- verstanden haben, dass Renditeversprechen und blanke Prozentzahlen immer im Verhältnis zur Inflation und Geldentwertung gesehen werden müssen,
- für sich den Zusammenhang zwischen Renditechancen und Risiko besser beurteilen können,
- ein gewisses Misstrauen gegenüber den Empfehlungen guter Freunde und selbst ihren Bankberaterinnen und -beratern bewahren und
- verstehen, dass es für eine gute Finanz- und Vorsorgeplanung niemals zu früh und selten wirklich zu spät ist.

Vor allem wünsche ich mir, dass Sie sich jetzt trauen, Ihre Finanzen in die Hand zu nehmen und nicht mehr nur als Sparer agieren, also Ihr Geld einfach zur Bank tragen oder zu „irgendeinem" Sparplan greifen. Sondern zum Investor werden. Mit Zielen, einer Strategie,

Ruhe und Verstand – aber ohne ‚Gier'. Dazu noch ein letztes Beispiel aus meiner Arbeitspraxis: „Der wahre Wert der Konzeptplanung – ein Blick hinter die Kulissen":

Produktverkauf – Der Brief vier Wochen vor Ablauf
Stellen Sie sich vor, Sie erhalten vier Wochen vor Ablauf der Zinsbindung Ihres Darlehens einen Brief von Ihre Bank. Inhalt: die neuen Konditionen Zinssatz 5,59 Prozent. Das ist Produktverkauf – eine Reaktion auf das, was passieren wird. Das Ende Ihrer Zinsbindung.

Finanzplanung – Die Kunst des Vorausdenkens
Schauen wir uns nun die Finanzplanung an. Hier geht es nicht um Reaktion, sondern um Vorausdenken: Vor zwei Jahren hatte Ihr Finanzberater in der Konzeptplanung bereits erkannt, dass Ihre Zinsbindung endet. Durch die konzeptionelle Planung konnten Sie sich so bereits die günstigen Zinskonditionen mit 0,93 Prozent von damals mit einem (Forward-)Darlehen sichern.

Der konkrete Unterschied: 4,66 Prozent Zinsunterschied
Bei einer Darlehenssumme von 150.000 Euro macht das rund 6.990 Euro im ersten Jahr. In der Summe kommen Sie auf 56.933,39 Euro er sparte Zinsen während zehn Jahren Zinsbindung.

Spätestens hier wird der Unterschied deutlich: finanzielle Souveränität durch Vorausplanung.

11.2 Jetzt ins Handeln kommen

Das ist der wahre Wert der finanziellen Konzeptplanung. Es geht darum, nicht nur auf Aktionen von Banken und Finanzierern zu reagieren, sondern Finanzkonzepte aktiv zu gestalten. Finanzielle Souveränität bedeutet, die Kontrolle zu behalten und nicht den

Marktbedingungen ausgeliefert zu sein. Daher: Wissen verschaffen durch Bücher und Fachinformation jeder Art ist wichtig. Aber erst, wenn sich Wissen in Handeln aktualisiert, kommen wir als Menschen voran.

So kann ich Sie jetzt nur einladen,

- diesem Link zu folgen respektive den nebenstehenden QR-Code mit der Fotofunktion Ihres Smartphones zu scannen: Dann habe ich noch eine kleine Überraschung für Sie und gleichzeitig lernen Sie mich persönlich – aber, keine Sorge ;), nur virtuell – kennen: www.juergen-keilbach.de/hallo.
- mich direkt anzusprechen. Am einfachsten können Sie sich dafür einen Termin für ein kostenloses Erstgespräch direkt hier auswählen – oder wieder einfach den nebenstehenden QR-Code scannen: https://outlook.office365.com/book/JrgenKeilbach@efc.ag.

Und wenn Sie Anmerkungen, Korrekturen oder Wünsche haben, dann erreichen Sie mich natürlich auch unter info@juergen-keilbach.de.

Ich freue mich auf Sie!

Verzeichnis der weiterführenden Literatur

Bartsch, Malte B. und Herbert: Das aktuelle Erbrecht: Erbfolge – Testament – Steuern, Walhalla Fachverlag, 2023

Beck, Andreas: Erfolgreich wissenschaftlich investieren, Eulogia Verlags GmbH, 2. Auflage 2022

Bretzinger, Otto N.: Richtig vererben und verschenken, Verbraucher-Zentrale NRW, 2023

Eimermacher, Dieter: Klimaschutz und Nachhaltigkeit – so werden unsere Immobilien grün: Zukunftssicher in Immobilien investieren mit ESG, SDG, C2C, Green Deal & Co., Edition Immobilien und Werte, 2022

Eker, Harv T.: So denken Millionäre. Die Beziehung zwischen Ihrem Kopf und Ihrem Kontostand, Heyne Verlag, 2010

Hill, Napoleon: Denke nach und werde reich. Die Erfolgsgesetze, Ariston, 15. Auflage 2005

Keilbach, Jürgen: Aus der Praxis: Logistikinvestments als Teil der Core-Satellite-Strategie; in: Mein Geld, Ausgabe 5/2023, S. 94 f.

Krempel, Annika: Finanzen verstehen – nachvollziehbare Erklärungen – anfängerfreundlich, Stiftung Warentest, 2. aktual. Edition, 2023

Kurt, Domenic/Kurt, Lidia: Digitale Assets & Tokenisierung. Grundlagen umfassend verstehen, Springer Gabler, 2022

Kiyosaki, Robert T.: Rich Dad Poor Dad: Was die Reichen ihren Kindern über Geld beibringen, FinanzBuch Verlag, 12. Auflage 2014

Müller, Ulrich: Herr Müller zahlt in bar. Wie ich mit Aktien sehr reich wurde und heute dafür sorge, dass Sie es auch schaffen, Gmeiner Verlag, 2021

Roglmeier, Julia/Demirci, Maria: Richtig vererben unter Ehegatten: Das Berliner Testament, Beck kompakt, 2021

Schewe, Petra: Rentenauskunft richtig verstehen, Walhalla Fachverlag, 2021

Sinn, Hans-Werner: Die wundersame Geldvermehrung. Staatsverschuldung, Negativzinsen, Inflation, Herder Verlag, 2021

Soeteman, Krijn: Kryptowährungen für Dummies, Wiley-VCH, 2. Auflage 2022

Town, Phil: Regel Nummer 1. Einfach erfolgreich anlegen, Börsenbuchverlag, 2018

Wiesehahn, Andreas: Unternehmensnachfolge. Praxishandbuch für Familienunternehmen, Springer Gabler, 2., akt. u. erweit. Auflage 2020

Über den Autor Jürgen Keilbach

Seit mehr als 30 Jahren ist Jürgen Keilbach unabhängiger Finanzoptimierer und als „Der Finanzproblemlöser" bekannt. Seine Kundinnen und Kunden sind Unternehmer, Freiberufler, Arbeitnehmende, Dienstleister – Menschen, die ihr hart verdientes Geld umsichtig anlegen und mit Strategie ein Vermögen aufbauen und erhalten möchten. Ein Vermögen, das auch ihren Kindern, ihrer Familie, ihrem Ruhestand zugutekommt.

Jürgen Keilbach ist seit 1989 in der Finanzberatung tätig und hat Qualifikationen in den Bereichen Baufinanzierung, Investmentfonds, Kapitalanlagen, Versicherung und Immobilien erworben. Dazu gehören Weiterbildungen in allen wesentlichen Finanzbereichen wie Finanzierung, Kapitalanlagen, Immobilien und betriebliche Altersversorgung und der Erwerb der zugehörigen Lizenzen, § 34 c, d, i und f 1, 2, 3.

Seine Kundinnen und Kunden kennen ihn als den Finanzproblemlöser – eine Bezeichnung, die in der gedanklichen Tradition zum „Löser" steht. Der „Löser" war schon zu alten Zeiten ein außerordentlich wertvolles Geldstück, das zu besonderen Gelegenheiten wie Hochzeit, Geburt, Tod des Familienernährers überreicht wurde, damit die Familie in Sicherheit und Wohlstand leben konnte. Er löste die finanziellen Herausforderungen der Menschen in „Wohlgefallen".
Die Schwerpunktthemen von Jürgen Keilbach, dem Finanzproblemlöser:

- Anlageberatung: die passenden Produkte finden
- Steuerbegünstigter Vermögensaufbau
- Früher in Rente bei höherer Altersvorsorge
- Baufinanzierung und Immobilieninvestments
- Niedrigere Versicherungsbeiträge
- Geordnete Finanzen ohne lästigen Papierkrieg

Mehr Infos:
www.juergen-keilbach.de
www.youtube.com/@jurgenkeilbach1749